HSU

法哲学入門

法の根源にあるもの

INTRODUCTION TO PHILOSOPHY OF LAW

大川隆法
RYUHO OKAWA

まえがき

戦後七十年の日本は、「立憲主義《りっけんしゅぎ》」に呪縛《じゅばく》されてきた歴史であったといっても過言《かごん》ではない。占領軍ＧＨＱ本部主導で、二十代女性も含めた数名の法律の専門家ともいえないアメリカ人たちが、一週間ばかりで作成した英文の日本国憲法（とその翻訳）が、神から降ろされたモーセの十戒の如く厳守された時代でもある。

立憲主義とは、憲法を最高法規として、公務員を縛り、各種法令や政策にも制約をかけてゆく考え方であるが、根本には神の首をハネたカント的な理性万能主義があると思う。

これに対し私は、法の根源にあるものとは何かを、本書で縦横無尽《じゅうおうむじん》に説いた。はっきり言えば、人間の創った法が、神の法や仏の法を超えてはならないのだ。神仏の法を根源としつつ、変動していく社会に適した実定法《じっていほう》が定められていくべきだと思う。国民のその時代の「空気」が、必ずしも神意や仏意でもないことを深く肝《きも》に銘《めい》ずるべきであろう。

二〇一四年　四月三十日

幸福《こうふく》の科学《かがく》グループ創始者兼総裁《そうししゃけんそうさい》
幸福《こうふく》の科学大学創立者《かがくだいがくそうりつしゃ》　大川隆法《おおかわりゅうほう》

法哲学入門　目次

まえがき　1

法哲学入門《ほうてつがくにゅうもん》
――法の根源にあるもの――

二〇一三年十一月二日　収録
東京都・幸福の科学総合本部にて

3　「閉《と》じられた世界」と「開かれた世界」　26

4　「法哲学」の奥《おく》にあるもの　40

13

14

法《ほう》哲《てつ》学《がく》入門
――法の根源にあるもの――

二〇一三年十一月二日　収録
東京都・幸福の科学総合本部にて

1 「法哲学《ほうてつがく》」を語れない現代日本の状況《じょうきょう》

法哲学《ほうてつがく》を仏法真理《ぶっぽうしんり》の観点から見れば、「はるかに届いていない」

今日(二〇一三年十一月二日)のテーマは「法哲学《ほうてつがく》入門」です。

私が法哲学を実際に勉強したのは学生時代で、もう三十数年も前になるので、それほど記憶《きおく》に残っているわけではありません。そこで、教科書に当たるようなものに、まとめてサラッと目を通してみたのです。

そうすると、昔と今とでは、読んでいるときの感じがかなり違《ちが》っていました。今は、教授たちの書いているものがかなり幼稚《ようち》に見え、「ああ、こんなものだったのかなあ。なるほど」と思い、自分で感心したのです。

ただ、「道理《どうり》で、くだらなく感じたはずだ」と言うと、学生が法哲学を勉強する気がなくなる可能性があるので、それを言ってはいけないでしょう。くだらないわけではないのですが、仏法真理《ぶっぽうしんり》の観点から見れば、「はるかに届いていない」と言ったほうが正確かもしれません。

「はるかに届いていない。このあたりの世界で徘徊《はいかい》しているのかな」という印象を受けました。徘徊し、底辺を〝さまよって〟いる感じが強くて、うなってしまったというか、「こんなものだったのかな」と感じたのです。

「利息制限法の話」が延々と続く、法哲学の教科書もある

今回は、最初に、京都大学の教授が書いた法哲学の教科書を読んでみました。比較《ひかく》的新しい本で、五、六百ページぐらいの本だったのですが、なんと、最初のほうから百ページぐらいにわたって、利息制限法違反《いはん》に関する最高裁の判例につ

いて書いてあるのです。

そのため、頭がクラッとして、「この人はアホか。これは、いちおう法哲学の教科書だよね」と思いながら読みました。

利息制限法の判例について、かなりたくさん書いてあるので、当初、著者の頭を疑《うたが》ったのですが、京都大学の教授なので、「頭が悪い」というのは、さすがに失礼に当たるでしょう。そこで、「何か深い意味があるのだろうか」と考えたのですが、どうも理由を考えつかないのです。

ただ、善意に考えると、京都大学の学生がサラ金に手を出し、退学などに追い込《こ》まれるケースが生じたりして、「これは大変だ」ということで、「利息制限法を早く教えておかなくてはいけない」と思ったのかもしれません。

民法の〝付録〟の法律のなかに、「利息制限法」というものがあって、「法定上限金利」を定めており、「これを超《こ》えるものを無効とする」というような条文があるのです。

したがって、「これ以上の利息については、ヤクザに脅《おど》されても、法律上、払《はら》う必要はないのだ」ということを知っていなくてはいけないとか、「金利などの約束がない場合について、法律には、どう書いてあるかを知ることは、学生生活で、とても大事だ」ということが経験上あって、それを頭《あたま》から持ってきたのかもしれません。

そのように善意に解釈《かいしゃく》することにしたのです。

この教科書は、一般《いっぱん》論として見たら、「失敗作」でしょう。法哲学の教科書で、利息制限法の話を、最初のほうから何割も書いていたら、周辺や、末端《まったん》の末端の部分を語っているだけなので、「法の根源」について語れないことを意味しているでしょう。

これは、「木について説明しろ」と言われているのに、「葉っぱの一枚」について、一生懸命《いっしょうけんめい》、説明しているような感じに近いのではないかと思います。

この教科書では、アメリカの最近の哲学者などに触《ふ》れ、最後にハイエクにも少し触れてはいたので、そのへんで何とか救われた部分はあります。

ただ、ハイエクは、どちらかといえば、経済学者なので、「法哲学で、ハイエクで締《し》めくくるのは、もうひとつかな」とは思ったのです。

「こういうものでも、堂々と教科書としてまかり通っているらしい」ということが

フリードリヒ・アウグスト・フォン・ハイエク（1899～1992）
オーストリア生まれの経済学者、思想家。ノーベル経済学賞受賞。全体主義を批判し、その自由主義思想がサッチャー政権、レーガン政権等に大きな影響を与えた。

『ハイエク「新・隷属への道」』
（幸福の科学出版）

分かりました。

ほかの教科書も幾《いく》つか読んでみたのですが、いろいろと勝手に書いており、「定義なるものは、ほとんどないに等しい」と感じました。「哲学や思想その他《た》、何か法の淵源《えんげん》に当たるようなものに〝かすって〟いれば、何を書いてもよい」ということのようで、その人の〝趣味《しゅみ》〟によって、いろいろな人を取り出して、書いているのです。

2 「哲学《てつがく》とは何か」に対する奇抜《きばつ》な答え

大学の教養学部で受けた「哲学《てつがく》の授業」の実態

私は、最初は哲学《てつがく》系の授業を東大教養学部で受けました。

一、二年生のときに哲学を習ったのは、井上忠《いのうえただし》教授というギリシャ哲学が専門の人で、学生の間では「いのちゅう」と呼ばれていました。「いのちゅう」というと、イノシシのようですが、そう呼んでいたのです。

その人が書いた、『根拠《こんきょ》よりの挑戦《ちょうせん》』という題の本を、テキストに使っていましたが、本の内容は〝パラパラ〟でした。寄せ集めの論文集なのかもしれませんが、体系的ではなく、〝パラパラ〟にいろいろなことが書いてあったのです。

●井上忠〈1926 〜〉哲学者。東京大学名誉教授。主著『パルメニデス』『究極の探究 神と死の言語機構分析』等。

このなかの「パルメニデスの歌」の解釈《かいしゃく》などは、井上教授が酒を飲んで酔《よ》っ払《ぱら》って行《おこな》ったような話があった気がするのですが、体系性はほとんどゼロでした。〝詩〟とも言えず、どちらかというと、酒を飲みながら〝音楽談義〟でもしているか、ロックでも〝歌って〟いる感じの哲学の本であって、最初から目くらましを食《く》らっているようでした。

井上教授は、最初の授業の日に、「学年末試験の問題を発表する」と言って、「哲学とは何か」というテーマを書きました。「これが学年末試験の出題なので、答えが書ける人は、もう授業に出なくてもいいし、出てもいいし、好きにしてください」と言いました。

また、「毎年、同じ問題だ」とも言っていたので、手抜《てぬ》きと言えば手抜きなのです。

私は、この人の授業に、いちおう半分ぐらいは出ていたのですが、その授業のノートには冗談《じょうだん》ばかりを書いていました（笑）。学生時代、私は、ノートに冗談ぐらいしか書かなかったような気がするのは、どうも、この人のときのイメージが強いようです。

実定法《じっていほう》、実際の法律の授業においては、多少はノートに書いていたと思うのですが、その人の授業のノートを取ったときのイメージが強いのかもしれません。試験前にノートを読み返したら、冗談以外には何も書いていなかったので、呆《あき》れ果てたのですが、実は授業中も冗談しか言わなかった可能性もあります。

教科書も〝パラパラ〟で、「哲学とは何か」ということを語っているつもりでいるらしいのですが、本人がそれに答えられないものだから、関係のないことを、たくさん言っているのです。

そのため、周辺情報が散弾銃《さんだんじゅう》の弾《たま》のように飛び交《か》っていても、哲学については答えがないのです。

「哲学とは何か」という問題に『無門関《むもんかん》』で答えを書く

ただ、試験問題には答えなくてはいけません。「哲学とは何か」という問題に対して、私は何を書いたかというと、「向こうもひどいから、こちらも、ひどいもので答えなくては面白《おもしろ》くない。まともに書いたら面白くない」と思い、ギリシャ哲学の授業なのに、私は中国の禅宗《ぜんしゅう》の●『無門関《むもんかん》』で試験の答えを書いたのです。『無門関』四十八則《しじゅうはっそく》のなかに、「悟《さと》り」「仏陀《ぶつだ》の真意」という問いに対し、「乾屎橛《かんしけつ》」と答えたものがあるのですが、これを日本語に翻訳《ほんやく》すると、「クソ掻《か》きベラ」という意味になります。私は、答案の一行目に、堂々と、「哲学とはクソ掻きベラである」と書き、以下、その解説を、答案用紙の裏表《うらおもて》に、二枚分書いたわけです。

当然、「落ちたかな」と思ったのですが、意外に点数は悪くなく、「あれを読

●『無門関』　中国・南宋の臨済宗の僧、無門慧開（1183 ～ 1260）が、古来よりの公案から「倶胝竪指」「香厳上樹」「百丈野狐」「大力量人」「庭前柏樹」等の 48 則を選び、批評を加えた書。

んで、点数を何十何点というところまで、よくつけられるな」と感心しました。「哲学とはクソ掻きベラである」と書いた論文に点数がつくのです。不思議なものですが、まあ、ただの勘《かん》でつけているのでしょう。

ギリシャ哲学に対し、おそらく、そういう答えを書いた人はいなかったであろうと思われますので、成績はそれほど悪くはなかったように思いますが、何しろ、その授業のノートを読み返しても、冗談ばかり書いてあり、ときどきマンガも描《か》いてあったりするので、どうしようもなかったのです。

「酒場の文学談義」のような哲学の授業

結局、井上教授の授業を聴《き》いた範囲《はんい》内では、本人がギリシャ哲学を分かっているとは思えず、何か、その気分や雰囲気《ふんいき》を味わっているような感じがありました。酒場で談義をしているような感じでしょうか。

ちなみに、それと似た印象を受けたのは、一度、ロシア文学ばかりを専門にする酒場に引っ張り込《こ》まれたときです。

ある夜、誰《だれ》か先輩《せんぱい》に連れられて、そこへ行ったら、トルストイやドストエフスキーなど、文庫本やその他、いろいろな種類の本が、古いものから新しいものまで、ロシア文学ばかりがたくさん置いてあったのです。

そこは、ウォッカなどの酒を飲みながらロシア文学談義をする所で、「●米川《よねかわ》さんの訳はどうだ」「この人の訳はどうだ」と言って、翻訳についてまで、マスターとギャアギャア議論しているような所だったのですが、一回で逃《に》げ帰り、もう行かなくなりました。

井上教授の授業も、ちょうどそんな印象で、授業を聴いても分かった感じはしませんでした。

ただ、おかげさまで、「ギリシャ語には、こういう言葉がある」ということを

●米川正夫〈1891 ～ 1965〉ロシア文学者、翻訳家。岡山県生まれ。ドストエフスキーの『白痴』を処女出版として、数々のロシア文学を翻訳した。

知り、単語を多少覚《おぼ》えることができました。

いずれにせよ、哲学については、それで理解することはできず、「自分で勉強したほうが、よほどよかったかな」というぐらいでした。

仏教の真髄《しんずい》が説かれた公案「乾屎橛《かんしけつ》」

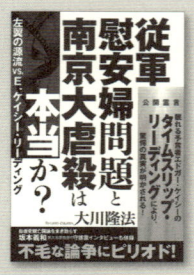

先ほど述べた「乾屎橛《かんしけつ》」は竹のヘラのことですが、これは、ある意味では、本当に「仏教の真髄《しんずい》」を説いているものです。
仏陀の教えを、別の比喩《ひ ゆ》でたとえるならば、「人間として生きている間に出てくる、『汚《よご》れたもの』『汚《きたな》いもの』を取り除く」ということでありますし、

さらに遡《さかのぼ》れば、「その『原材料』のものも止《と》めてしまえ」というような教えもあります。断食《だんじき》などはそうでしょう。

「人間として生まれると、苦しみを生産するだけであるから、苦しみを取り除くことが大事だけれども、そもそも、苦しみの原材料も止めてしまうべきだ」というようなことを、仏教は説いています。

そういう意味で、私の書いたことはそのとおりで、ギリシャ哲学にかかわる「哲学の本質」を問われ、「仏法《ぶっぽう》の真意」で答えたわけです。教授が、それを正確に読んだかどうか知りませんが、そういうものを出した覚えがあります。

3 「閉《と》じられた世界」と「開かれた世界」

教養学部時代に参加した、「ヘーゲルの政治哲学《てつがく》」のゼミ

東大教養学部時代には、他に、●城塚登《しろつかのぼる》という先生の「社会思想史」の授業も受けました。ここでは割合とノーマルに思想家を扱《あつか》っており、ヘーゲルなどが得意な方だったのではないかと思います。私は、どうも、この城塚先生の授業が好きだったようです。

また、●谷嶋喬四郎《やじまきょうしろう》という先生のゼミにも出ました。これは単位の出ないゼミだったような気がしますが、ヘーゲルの政治哲学《てつがく》について勉強したことを覚えています。受講者の学年はバラバラで、いろいろな人が来ていたようです。

●**城塚登**〈1927 ～ 2003〉東京都生まれ。倫理学者。東京大学名誉教授。ドイツ哲学、社会思想史を研究。主著『近代社会思想史』等。
●**谷嶋喬四郎**〈1929 ～〉東京都生まれ。社会学者。東京大学名誉教授。主著『弁証法の社会思想史的考察 ヘーゲル・マルクス・ウェーバー』等。

岩波《いわなみ》文庫から出ていたヘーゲルの『政治論文集』などをテキストに使ったゼミです。

テキスト自体は、実に面白《おもしろ》くないものではあるのですが、半年から一年ぐらいかけて、それを精読した覚えがあります。そのあたりのものからも、何か影響《えいきょう》を受けているかもしれません。

碧海純一《あおみじゅんいち》教授への答案に書いた「ある言葉」

専門学部の法学部では、法哲学に関しては、碧海純一《あおみじゅんいち》という人が教授でした。すでに、二〇一三年にお亡《な》くなりになっていますが、おそらく地獄《じごく》に行っているはずです。

この人の著作を読む場合には速読するに限り、駆《か》け足で速く読まなくてはなりません。ゆっくり熟読すると、とんでもないことになるのです。この人の名前が

●碧海純一〈1924 ～ 2013〉法学者。法哲学者。東京大学法学部教授、放送大学教授、関東学院大学教授を歴任。東京大学名誉教授。主著『法哲学概論』等。

聞こえてきた段階で、私は、もうすでに読み終えていたので、よかったと思いました。

碧海教授は、自分でもやや異端《いたん》性を感じていたようではあります。

また、私と●渡部昇一《わたなべしょういち》さんが雑誌「Ｂａｒｔ《バート》」で対談をしたときに、この人の話が少し出てきたのではないかと思います（『フランクリー・スピーキング』〈幸福の科学出版刊〉所収）。

私が大学へ入ったころ、ちょうど渡部昇一さんの『知的生活の方法』がベストセラーになって、百万部売れ、ヒットしたというか、評判になりました。そのころ、碧海教授は、授業中に「渡部昇一さんは世渡《よわた》りがうまい」というようなことを一生懸命《いっしょうけんめい》に言っていました。

要するに、「私は、それに比べて、世渡りがすごく下手だ。法哲学の本を書いたって全然、売れない」ということです。

●**渡部昇一**〈1930 ～〉英語学者、評論家。上智大学名誉教授。専門の英語学以外に数々の歴史論、政治・社会評論を著述。主著『腐敗の時代』『英語学史』『知的生活の方法』等。

「私は世渡りが下手だ。あの人は世渡りが実にうまい」というようなことを、何回か言っていたので、答案の最後に、「あなたは、世渡りが下手なのではなく、頭が悪いのだ」と書いたことを覚えています（笑）。

ずいぶん失礼なことを書いたので、当然、「これは落第《らくだい》だろう」と思ったのですが、向こうは、「まさに、そのとおりだ」と思ったのでしょうか。予想外のよい成績でした。

「なぜ私の本質が見破れたのか。こいつ、この真実が分かったのだろうか」と思ったのかもしれません。

必修科目ではなかったので、どうでもよかったのですが、「落としただろう」と思っていたら、予想外の成績がついていたのです。

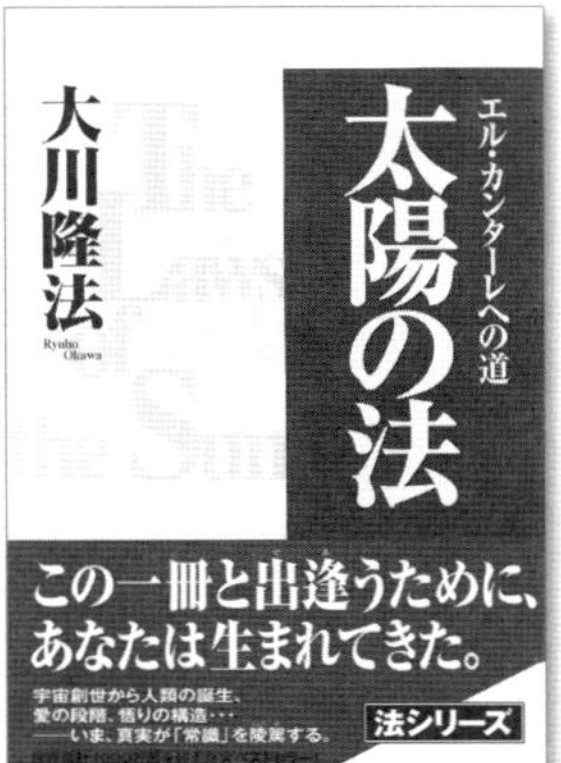

『太陽の法』最終章には、東京大学時代、学問探究を深める過程や各教授陣への回想等も綴られている。（幸福の科学出版）

意外に正直な人だったのかもしれません。「地獄から上がるとしたら、この一《ひと》言《こと》ですよ」と、碧海先生に言っておきたいと思います。

なぜ、この人が地獄に堕《お》ちていると私が判定したかというと、要するに、ものの見方が、全部、引っ繰《く》り返っているからです。伝統的な哲学の正統派の考え方を引っ繰り返し、逆に考えていく人だったのです。

「エルの話」と「アトランティス」に言及《げんきゅう》したプラトン

法哲学は、「法の根源にあるもの」としての哲学を探究するわけですが、古代ギリシャのソクラテスあたりから説いていきます。

ソクラテスは本を書いていないため、弟子《でし》のプラトンが、「ソクラテスが語った」ということを、全集になるぐらいの対話編として書いたものが遺《のこ》っています。

ただ、「現実に、あのとおり言ったかどうか」については、定《さだ》かな証拠《しょうこ》はありません。

この二人は少なくとも四十歳《さい》ぐらい年が離《はな》れていたと言われており、七十歳でソクラテスが死んでいるので、プラトンは三十歳ぐらいです。したがって、プラトンが先生（ソクラテス）の話を聴《き》いたとしたら、それは二十代に聴いた話ということになります。

二十代に聴いた話を、その後何十年もたってから、全部再現し、対話編で起こせるかどうか、私もやや自信はありません。ただ、インドには、お経《きょう》を

プラトン（前 427 ～前 347）
古代ギリシャの哲学者。ソクラテスの弟子にしてアリストテレスの師。転生輪廻する不滅の霊魂を重視し、超越的なイデアの存在を説くとともに、理想国家論、哲人王による支配の要諦などを説いた。

ソクラテス（前 469 ～前 399）
古代ギリシャの哲学者。デルフォイの神託を受け、ソフィストと対話し、次々と論破。国家が信奉する神々を否定し、若者を堕落させたという罪で告発されたが、愛知者としての信念を貫き、自ら毒杯を仰いだ。

聴いただけで、あとで再現できる人がいて、何百年も口伝《くでん》で再現していたぐらいなので、そういうこともありうるのかもしれません。ただ、どこまで本当かは分かりません。

プラトンの思想は、要するに、「ソクラテスの言葉」として遺っているのですが、「あの世」とか「霊魂《れいこん》」とか、そういうことについて書いていますし、ソクラテスが「生まれ変わりのシステム」まで語っているように、プラトンは書いています。すなわち、ギリシャ哲学のなかには、「転生輪廻《てんしょうりんね》」まで、はっきり入っているのです。

こういうことについて、先ほど言った井上忠《いのうえただし》先生、「いのちゅう」は、まったく話さなかったのですが、プラトンは、そこまで書いています。

特に『国家』には、「死後の世界」について書いてあります。あの世へ行ってから、蘇生《そせい》したエルという人が語った、「あの世の世界を見てきた話」が、生々《なまなま》しく、ジャーナリスティックに書いてあるのです。

エルの死体が薪《たきぎ》の上に載《の》せられ、火をくべられて、まさしく焼かれようとするときに、息を吹《ふ》き返し、意識を失っていた十日余りのことを思い出して、あの世で見てきた世界について語ったことを、『国家』と題する本のなかで再現しています。これはプラトンの主著の一つで、非常に重要な本です。

そのなかには、「三途《さんず》の川」は出てきませんが、死後の世界の様子が描《えが》かれています。

裁判官がいて、生前の罪について判定し、「右に行け」「左に行け」と分ける。それぞれの穴のなかに入っていくと、それぞれ、「生まれ変わりの先がどうなっていくか」というようなことまで見える。勇気のある人はライオンに生まれ変わったりする。あるいは、白鳥《はくちょう》になって生まれ変わる人もいれば、地獄に行く人もいたりする。

このようなことを、不思議な話として書いています。

また、同じくプラトンは、当時から見て九千数百年前のこととして、「アトランティスの最後」について言及《げんきゅう》し、「賢人《けんじん》ソロンがエジプトに行ったときに、エジプトの神官《しんかん》から聞いた話」として書いています。

これは、今の神智《しんち》学や人智《じんち》学、および幸福の科学まで、「アトランティス説」の根拠になるものでもあります。


「あの世」の世界を否定して、哲学を構築したカール・ポパー

歴史のなかには、そういうプラトン的な思想が幾《いく》つか出てきますが、「霊界《れいかい》、

プラトンの『ティマイオス』『クリティアス』に書かれた伝説の文明アトランティスの謎に迫った『トス神降臨・インタビュー アトランティス文明・ピラミッドパワーの秘密を探る』（幸福の科学出版）

あの世があって、この世というものは、狭《せま》い世界なのだ」という考え方です。

ところが、そうした思想を、碧海純一氏は基本的に否定する立場で考えているわけです。

この人は、それを、要するに「閉《と》じられた世界」というように考える一方、「霊界を否定した世界が、開かれた世界なのだ」という考え方なのです。

これは、カール・ポパーという人の書いた『開いた社会とその敵』が、メインの根拠になっています。

カール・ポパーは、あの世を否定し、この世の世界だけを捉《とら》える哲学を構築したわけですが、この世だけを語る世界のほうを「開かれた世界」であるとして、次のように考えます。

「神とか、心霊《しんれい》とか、そういうものを引っ張り出してきて、『心霊の言葉』だとか、『あの世の世界で罰《ばつ》を受ける』だとか、『生まれ変わり』だとか、いろいろ

●カール・ポパー〈1902 ～ 1994〉イギリスの哲学者。「反証する方法がない仮説は科学ではない」と唱える。主著『開いた社会とその敵』等。

なことを言って〝脅《おど》したり〟するような世界は、要するに、迷信《めいしん》に縛《しば》られた古い世界であり、『閉ざされた世界』なのだ。

そういう、古い教会的な呪縛《じゅばく》や、思想的な呪縛から、人間をこの世のなかに解放することが、『開かれた哲学』なのだ。

だから、プラトン的な思想は、閉じられた世界なのだ」

ポパーなどの考え方は、そのようなものであり、「霊魂」「あの世」「神」等を肯定《こうてい》する哲学を、「閉じられた哲学」というように考えるわけです。

ポパーが『開いた社会とその敵』で批判した「プラトンの呪縛」に対する反駁として、『黄金の法』第２章「大地を駆ける」第１節では、「唯物論の呪縛」と題し、ポパーの哲学における限界と、プラトン思想に込められた霊的真実について論じられている。

『黄金の法』（幸福の科学出版）

記号や数字をいじる、二十世紀以降の哲学者たち

これと似たようなものとしては、バートランド・ラッセルの哲学もそうでしょう。彼の哲学は、数学者的な頭で書かれているものなので、やはり、数学や論理学に近い哲学です。

哲学者でも、二十世紀以降は、「数学者」兼《けん》「哲学者」のような人がかなり出てきています。近代では、記号や数字をいじったりするような哲学者がたくさん出てきているのです。

彼らは、最初のソクラテス・プラトン的なもの、「あの世」だとか「霊魂」だとか、そういうものを認めるような哲学を、おそらく、「迷信」と捉《とら》えているのでしょう。

そして、数式を使ったり、記号論理学のようなもので証明問題を解いたりする

●バートランド・ラッセル〈1872 ～ 1970〉イギリスの哲学者、数学者。ノーベル文学賞受賞。主著『数学の諸原理』『なぜ私はキリスト教徒でないか』等。

ような哲学、そういう「ポストモダン」の哲学を、「近代的で進化している」と捉えるのだろうと思うのです。

死後のことが分からない「朝日・岩波《いわなみ》系の言論人」

ただ、この考え方は、結局、真理に対しては「完全に扉《とびら》を閉ざした考え方」です。

こういうものを哲学として学び、それ以外のものについては学ばなかった人は、死んだあと、「閉じられた世界」のなかに本当に閉じ込《こ》められ、「あの世で、どうしたらよいかが分からない」「死んだあと、どうしたらよいか、分からない」ということになります。これが、繰り返し出てくる現象なのです。

当会で霊言《れいげん》現象を行っても、特に「朝日・岩波《いわなみ》系の言論人」系統など、死んでからあとのことが分からず、「自分は霊だ」ということも分からない人たちが数

●ポストモダン　20世紀後半、フランスからアメリカを中心に広がった思想潮流。現象の背後にある構造を分析する構造主義等が含まれる。

多くいます。

そのため、「自分は、病院の一室にいるか、どこかに閉じ込められている」と感じるか、「今、悪夢を見ている。今も生きていて、夢を見ている状態なのだ」というように自己理解をしてしまい、自分がいる世界を見ることができないでいるのです。

したがって、「どちらが『閉じられた世界』であるか」ということは明らかでしょう。霊界を明快に説いたものが「開かれた世界」なのです。

4 「法哲学《ほうてつがく》」の奥《おく》にあるもの

法律を制定するに当たって必要なこと

哲学《てつがく》に遡《さかのぼ》って法を構築していくに当たっても、気をつけないといけないことがあります。

法律は法哲学を淵源《えんげん》として展開されるわけですが、その「根本《こんぽん》の哲学」が違《ちが》っていたら、そこから出てくる法律も違ってきます。

憲法、民法、刑法《けいほう》、その他《た》、いろいろな法律がありますが、これらも、根本のところを間違っていれば、本当に、この世だけを縛《しば》り、律するのみの法律に終わってしまう傾向《けいこう》は非常に強いのです。

やはり、法律を制定するに当たっては、その奥《おく》にある法哲学が正しいものでなければなりません。

その奥にあるものは何かというと、「神の哲学」であるし、あるいは「神学《しんがく》」であるし、あるいは「宗教」であるし、さらに、その奥には、やはり、「神の心」「仏の心」というようなものがあると思うのです。

こうした段階的な展開の仕方を理解できなかった方は、幾《いく》ら「法哲学者」と名乗っていても、無知に等しいと考えてよいのではないでしょうか。

プラトンは「映画の原理」を知っていた？

先ほど述べた井上忠《いのうえただし》教授の授業で、唯一《ゆいいつ》、「それらしいもの」があるとすれば、次のような話です。

それは、プラトンの『国家』のなかにある、「洞窟《どうくつ》の比喩《ひゆ》」について述べたときのことですが、「もしかしたら、プラトンは〝宇宙人〟ではないか」という話をしていたのです。

ちなみに、「洞窟の比喩」とはこんな内容です。

人が真っ暗な洞窟のなかで縛られていて、背後から、燃えている火の光を受けている。自分の前には洞窟の壁面《へきめん》があるだけで、そこには火の光が当たっている。背後の道を人が行き来しているが、その影《かげ》が洞窟の火の光によって壁面に映《うつ》っている。

こういう「洞窟の比喩」というものがあるのですが、井上教授は、「これは映画の原理と同じなので、今から二千数百年前に映画を知っていたのなら、プラトンは宇宙人かもしれない」ということを、冗談《じょうだん》半分に言っていた記憶《きおく》があります。

プラトンが言うように、この世の人間は、「洞窟のなかにいて縛られており、奥の暗闇《くらやみ》のほうを向いているため、壁面に映る自分の影しか見えない」というような状態なのです。

後ろ側を行き来している人の姿は、壁面に影としては映るのですが、振《ふ》り向いて後ろを見ることができない状況《じょうきょう》です。

これが、この世に生まれている人間のボンデージ（拘束《こうそく》）された状況なのです。この世に生きている人間は、真実を知らされないままに、拘束をかけられています。要するに縛られているわけです。

結局、肉体という条件に縛られた範囲《はんい》でしか、人間観、世界観、宇宙観を持つことができないのです。

これは、「洞窟の比喩」で言えば、「影しか見えない。光のほうを見ることはできない。これが、この世の人間の存在の状況だ」ということです。

「洞窟《どうくつ》の比喩《ひゆ》」が意味するもの

この比喩《ひゆ》は、プラトンの記述によれば、ソクラテスが言ったことになっていますが、ソクラテスないしはプラトンが、あの世とこの世の位置づけを、いかに理解していたかがよく分かります。

「あの世が実相《じっそう》の世界で、この世は、その影にしかすぎないのだ」ということ、あるいは、「この世は、一幕《ひとまく》の劇、一場《いちじょう》の劇にしかすぎないのだ」ということを、よく知っていたのではないでしょうか。

「この世に生まれる」ということは、肉体に宿ることによって、要するに、目はついているけれども、「〝目〟が見えない状態」に、実際にはなっているわけで、肉体を通してしか、あるいは現象を通してしか、世の中を理解できなくなってしまうことになります。

そのため、「目に見えない世界」を、常人、普通《ふつう》の人は、通常、否定します。「目に見える世界」しか見えないので、そのなかにある、建物、ほかの人、食べ物など、そういうものは、もちろん見えても、「目に見えない世界」にある、神々や高級霊《れい》、先祖、自分の「魂《たましい》の兄弟」、天使など、こういうものは見えないのです。

それは、「影しか見えない」という比喩に当たっているわけで、「本当の姿を見ることはできない。自分自身も見えなければ、外側の世界を歩いている人のことも見えない」ということでしょう。

外側の世界という「表の世界」は、それが実は霊界《れいかい》で、この地上をくるんでいる広大無辺な世界なのです。

それが「表の世界」であり、「自分は、実は洞窟《どうくつ》のなかに置かれているのだ。片方しか見えない状態で、洞窟のなかに置かれている。これが、人間の置かれている条件なのだ」ということです。

この価値観、あるいは思想を受け入れられるかどうかですが、近代、現代へと至るにつれて、これを人々は受け入れられなくなってきています。「この世の世界、要するに、〝洞窟の壁面〟だけを見て、この〝壁面の研究〟だけをすることが真理の探究だ」と思う人が多くなってきたわけです。

西洋思想の源流の一つとなった古代ギリシアの哲学者たち(ラファエロ画「アテナイの学堂」)。議論する２人の人物(中央囲み部分)は、右手で天を指しているのがプラトン(左)、地を指しているのがアリストテレス(右)と言われている。

5　ヘーゲルとカントを分けたもの

〝神の衣《ころも》の裾《すそ》〟を、かっちりと握《にぎ》っていたヘーゲル

ヘーゲルは一七〇〇年代の後半から一八三〇年前後まで生きた方ですが、私の著書『黄金の法』（幸福の科学出版刊）には、「プラトンが生まれ変わって、ヘーゲルとなった」ということが書いてあります。

もっとも、哲学《てつがく》のほうの理解では、「どちらかといえば、ヘーゲルは、プラトンよりもアリストテレスに似ている」と考えるほうが多いのです。

アリストテレスは体系家です。彼には、体系的に物事を考え、分類して書く癖《くせ》がありましたし、自然科学など、この世的なさまざまな学問の始まりに当たるよ

うなところがあり、それらを体系化していった方であるため、一般的《いっぱん》には、ヘーゲルをアリストテレスになぞらえる人のほうが多いのでしょう。

ただ、アリストテレスは、師のプラトンや、さらにその師であるソクラテスが考えていた霊界《れいかい》思想や、人間の魂《たましい》の思想とは、かなり距離《きょり》ができていて、どちらかといえば、自然科学やこの世的な学問のほうに哲学を展開していったように思えるのです。

したがって、アリストテレスは、「諸学

ゲオルグ・ヴィルヘルム・フリードリヒ・ヘーゲル（1770 〜 1831）
ドイツの哲学者。観念論哲学を完成。自然・歴史・精神における矛盾からの弁証法的発展を構想。主著『精神現象学』『大論理学』等。

アリストテレス（前 384 〜前 322）
古代ギリシャの哲学者。プラトンの弟子。師のイデア論を批判し、経験的事象を元に演繹的に真実を導き出す分析論を重視。主著『形而上学』『ニコマコス倫理学』等。

問の祖」ではあるのかもしれませんが、残念ながら、「哲学を天上界《てんじょうかい》から地上に引きずり下ろした面がかなりある」と考えられます。

これに対して、ヘーゲルの哲学は、「まるで神が地上に降りてきて語ったかのような哲学」とも言われます。

要するに、「非常に勇気を持って、真理の扉《とびら》を押《お》し広げ、神の世界、真理の世界に参入していく」ということを試みたわけで、本人としても、「自分は、勇気を持って真理に突撃《とつげき》していくような人間だ」と理解していたようです。

そういうことで、神の世界の掟《おきて》、すなわち、「宗教の実定法《じってい》」とでも言うべきものを、哲学として表そうとした方なのではないかと思われます。要するに、「神のお考えを言葉にして表し、体系化したら、どうなるか」というようなことを、試みる一生を送った方なのではないでしょうか。

そういう意味で、この人は、宗教的には「智《ち》天使」とも言われる分類に入る方であり、「〝神の衣《ころも》の裾《すそ》〟は、かっちりと握《にぎ》っていた」と思われるようなところがあります。

しかし、そのへんについては、十分に理解できていない人が多いのかもしれません。

晩年、大著を続々と刊行した〝孤独《こどく》な老人〟カント

このヘーゲルに先立つ哲学者としてはもちろん、カントという人もいます。

カントはドイツの生んだ哲学者であり、出身地であるケーニヒスベルクという所は、一般にはドイツだと思われているかもしれませんが、今はロシア領(カリーニングラード)になっています。

この方は「孤独《こどく》な老人」で、生まれた町から出たことがほとんどなく、一生を町のなかで「散歩」と「読書」をして過ごして終わった方ですが、晩年、大著を

続々と刊行していきました。

その内容は難しいので、「カントを読んでも分からない」と言う人も多いのですが、はっきり言って、「ジャーナリスティックな文章を書く気がなかった」ということと、「独身だったので、それほど生活に対する野心がなかった」という面があるのかもしれません。

もう少し簡単に書くことができるようなことを、ああでもない、こうでもないと、たくさん書いているように、私には見えます。

イマヌエル・カント（1724 ～ 1804）
ドイツの哲学者。観念論哲学の祖。従来の合理論や経験論に対し、理性による批判検討を行う。主著『純粋理性批判』『実践理性批判』『判断力批判』等。

カントは「神」を「理性」に置き換《か》えようとした

カントには功罪の両方があると思います。

もちろん、当時は、教会が強かった時代であり、不信心者《ふしんじんもの》は弾圧《だんあつ》されるおそれもあったので、カント自身は、神を讃《たた》えたり、教会などに対する敬意を十分に払《はら》うような書き方をしたりしてはいます。

ただ、その内容については、分かりにくい言葉で書かないと、弾圧を受けるおそれがあったため、そのように書いていたという気配《けはい》も、多少感じられるのです。

はっきりと分かる書き方をしたら、教会に召喚《しょうかん》され、火あぶりにされるおそれがあるので、読んでもよく分からないような文として書いた可能性もあります。

善意で考えれば、そのように捉《とら》えられる面もあるわけです。

しかし、結局、「カントは、『神学《しんがく》』のところを、全部『哲学』に置き換《か》えてしまい、『神』に当たるものを、『理性』に置き換えようとした」と考えてもよいのではないかと思います。

理性は人間が持っている幾《いく》つかの精神作用の一つではありますが、他にも、知性もあれば感性もあり、悟性《ごせい》というのもあります。仏教的に言えば、「理性より悟性のほうが上」ということになるわけですが、カント哲学的に言えば、「理性のほうが上」という考え方になります。これは、要するに、「理性が神の代わりになる」という考え方でしょう。

そのような考え方でいくと、「人間が持つ思考のなかの、論理的で合理的なものの考え方が、神の考えの代弁《だいべん》になる」というように考えてもよいかと思うのです。

フランス革命やロシア革命へのカントの影響《えいきょう》

フランス革命は、ある意味で、カント哲学の影響《えいきょう》をそうとう受けていると言われています。

生前のカントがはっきりと書いているわけではないのですが、「理性という言葉を使って、神の首をギロチンにかけた」ということを自覚していたようで、当会でカントの霊言《れいげん》を収録した際に、そのような告白をしています（二〇一〇年五月二十七日収録。『霊性《れいせい》と教育』〔幸福の科学出版刊〕所収）。

フランス革命では、まさしく、それと同じようなことが起きました。王族以下、有力者たちが、続々とギロチンにかかって、首を刎《は》ねられていったのです。

西洋の王族については、「王権神授説《しんじゅ》」という考えがあります。日本においては、もともと、一般的に、「皇室は天照大神《あまてらすおおみかみ》の肉体子孫である」という考え方があり、最近、当会もそのようなことを言っています。系図まではっきりと書かれているため、そう言われているのですが、西洋のほうでも、「王権神授説」というものがあるわけです。やはり、「わざわざ王族に生まれてくる人は、神から代理人として送られてくるのだ」というような考えが、ヨーロッパにおいても、けっこう強かったのです。

ところが、「神の代理人として出てきた」とされていた王族、あるいは国王の首を切り落とす〝刃《やいば》〟になったのが、この「理性信仰《しんこう》」でもあるわけです。カント自身は人を一人も殺していませんが、この思想は、ある意味で、「人間が神に成り代わる思想でもあった」とも言えるのではないでしょうか。

ルソー、カント、シュタイナーの霊言が収録された『霊性と教育』（幸福の科学出版）

そのためフランス革命では大量の血が流れ

ましたし、おそらく、ロシア革命にもかなりの影響が出たと思われます。

要するに、「人間が考えてつくり上げたものであっても、神の教えに成り代われるのだ」という思想が出てきたわけです。

ある意味では、「観念論哲学が出てきたことによって、世界的な宗教は、イスラム教が出たあたりで、終焉《しゅうえん》を迎《むか》えた」というように考えてもよいかもしれません。

そのあとにもいろいろな宗教は出てきていますが、世界的な宗教が、そう簡単に出てこられなくなってきたことの一つには、哲学のそういった流れがあると思うのです。

カントの学問の対象から外されたスウェーデンボルグ

ただ、カント自身は心霊《しんれい》現象等を認めていないわけではありません。

以前にも語ったことがありますが（『忍耐《にんたい》の法』〔幸福の科学出版刊〕等参照）、スウェーデンボルグ（スウェーデンボリ）という人は、何百キロも離《はな》れた遠隔《えんかく》地から、「今、ストックホルムで大火《たいか》が起きている」ということを透視《とうし》しました。

その場でそれを聞いた人たちは、みな、「まさか、そんなことがあるものか」と言っていたのですが、やがて、ストックホルムでの大《おお》火事が新聞に載《の》ったのを見て、「ああ、本当だったんだ」と驚《おどろ》いたのです。

スウェーデンボルグには、そういうことのできる心霊能力がありました。

また、彼は、「召使《めしつか》いに『部屋に入らないように』と言って、内鍵《うちかぎ》をかけ、三日ぐらいご飯も食べず、幽体離脱《ゆうたいりだつ》をして天上界《てんじょうかい》へ行き、天上界を見て帰ってくる」というようなこと

『忍耐の法』
（幸福の科学出版）

もしていました。それについては膨大《ぼうだい》な記述があります。

スウェーデンボルグ教会というものがあって、スウェーデンボルグ派というキリスト教の一派があるわけですが、意外や意外、ヘレン・ケラーも、このスウェーデンボルグ教会に属していたのです。

カントは、スウェーデンボルグについて、「世の中にはまことに不思議な人がいるものだ」と思い、それ自体については否定しませんでした。

しかし、自分が学問の対象としているもののなかに、これを取り込《こ》んで分析《ぶんせき》することはできないと考え、そういうものを、学問の対象と〝分けて〟考えることにしました。

要するに、「学問の対象にすべきもの」と「そうでないもの」とを分けたわけです。

「そういう〝民間伝承《でんしょう》〟はあってもよいし、それを研究する人がいてもよいの

●エマヌエル・スウェーデンボルグ〈1688 ～ 1772〉スウェーデンの神秘主義思想家・自然科学者。諸学に精通したヨーロッパ有数の学者が、後半生に霊界研究に取り組み、後世に多大な影響を与えた。主著『天界と地獄』等。

かもしれないが、これは、自分が扱《あつか》う、書物を中心とした学問のなかには入《はい》れないジャンルだ」ということです。

6　あの世を否定した近代哲学《てつがく》の流れ

学問的対象にはなりにくい民話・伝承

スウェーデンボルグと同じころ、江戸《えど》時代の日本では、平田篤胤《ひらたあつたね》という人が『仙境異聞《せんきょういぶん》』を書きました。

そこには天狗小僧寅吉《てんぐこぞうとらきち》というのが出てくるのですが、「天狗にさらわれ、筑波《つくば》の山まで連れていかれて、天狗修行《しゅぎょう》をさせられた」という、天狗少年の、まことに不思議な話を筆写して出版しています。その天狗少年が、今、会場の前のほうに座《すわ》っているという話もあるのですが（会場笑）（注。聴衆《ちょうしゅう》者のなかに、以前行われた宇宙人リーディングで、過去世《かこぜ》が天狗小僧寅吉であることが明らかになった者がいる。『宇宙人リーディング』（幸福の科学出版刊）参照）、それが嘘《うそ》か本当か、冗談《じょうだん》かは知りません。確かに、関心は似ているかもしれませんが（会場笑）、これは話半分に聞いておくことにします。

ただ、日本でも、そういう、スウェーデンボルグのような報告があるわけですが、確かに、これを学問的対象とするのには、なかなか難しいものがあります。

これは体験論であるので、「実際に体験した人、そういう生々《なまなま》しい声を聞いたりした人からの話についてはそれらしく感じられるが、間接的に読んだり聞いたりしただけでは、そう簡単に信じられない」というのも分かるような気がするのです。

それほど昔ではなくても、例えば、明治時代、柳田國男《やなぎたくにお》という人が東北地方の

平田篤胤（1776 ～ 1843）
江戸後期の国学者で国学四大人の一人。死後の魂の行方と救済を学説の中心とする復古神道（平田神道）を打ち立て、幕末の尊皇攘夷運動に影響を与えた。主著『古史伝』『古道大意』『霊能真柱』等。

いろいろな民話・伝承等について書いたものを読んでも、私でさえ信じられないことがたくさん書いてあるような状況《じょうきょう》です。

例えば、「山道を歩いていて、世にも稀《まれ》なものに出会った」という類《たぐい》の話が書いてあり、「こんなものが、白昼堂々《はくちゅうどうどう》、出てきたりするだろうか」と思うようなものもありました。いわゆる伝承の妖怪変化《ようかいへんげ》に当たるような、昔ながらのものたちと出会ったりするわけですが、その筆者の柳田國男は、初期の東京帝国《ていこく》大学の法科大学政治科（現・東京大学法学部政治学科）を卒業し、役所にも勤めていた方であるので、理性・知性に狂《くる》いがあったとは思えません。

柳田國男（1875～1962）
日本民俗学の祖。調査旅行を通じて各地の伝承を収集、記録。民俗学の手法を確立した。主著『遠野物語』『蝸牛考』等。

伝承・民話はたくさんあったので、それらを聞いたものもあって書いているのでしょうが、「よくここまで信じられたな」と思うようなところもあります。そのように、研究したものが書いてあるのです。

ただ、これは、学問的対象には、なかなかなりにくいものであり、「民話」や「伝承」というものに分類するのであれば構わないのですが、学問として、現実の問題として捉《とら》えるならば、厳しい部分はあるかもしれません。「現実に、そういうことが本当にあるのか」というようなことになってきますと、やはり、難しいところがあるでしょう。

「二分法」を自分たちに都合《つごう》よく解釈《かいしゃく》していった現代の哲学者

そのようなわけで、カントが、「心霊《しんれい》現象を学問的なものとは区分けして、自分の対象外にした」ということ自体は構わないのですが、それをよいことに、その後の人々は、見えないものを「ない」ということにしてしまったのです。

要するに、先ほど述べたプラトン的に言うとするならば、「洞窟《どうくつ》のなかの壁面《へきめん》しか見られない方向につながれている人間たちは、後ろの世界、つまり、光が射してくる方向を、自分で振《ふ》り返って見ることができないだけであるにもかかわらず、それを『ない』ということにしてしまった」ということです。

つまり、洞窟の壁《かべ》に映っている、自分の影《かげ》と後ろを通っている人の影だけが本物の世界だと思うわけです。

そして、それを「自然科学」や、あるいは、文系の「社会科学」や「人文科学」等、いろいろと「科学」と名が付くものとして分析・分類し、発展させていく流れが、カント以降、かなり急速に展開していきます。

もちろん、このような二分法の考えは、カント以前にも出ていて、「精神と肉体の二分法」というようなことをデカルトも言っています。

デカルト（1596～1650）
フランスの哲学者・数学者。合理主義哲学の祖。精神と物体の二元論を唱え、「近代哲学の父」と呼ばれる。解析幾何学の創始者でもある。主著『方法序説』等。

デカルトについては、『方法序説《ほうほうじょせつ》』という本の名前だけは聞いたことがあっても、読んではいないという人がほとんどだと思われますが、彼自身が、霊界や神などを否定しているわけではなく、霊能者《れいのうしゃ》であったということは、本を読めば明らかです。そこには、彼自身がいろいろな霊夢《れいむ》を見たり、体外離脱《りだつ》的体験をしたりしたことはほぼ確実だと思われることが、たくさん書かれています。

しかし、現代の哲学者というのは、自分にとって都合《つごう》の悪いところは読まず、都合のよいところだけしか読まないらしいのです。

要するに、「精神と肉体は二つに分けて考える」という、「二分法」の考えをうまく使い、それにカントの考え方を上乗せしていくようなものが出てきたわけです。結局、分からない世界については、「不可知論《ふかちろん》」ということで、「分からない」と放置するか完全否定するかしたほうが楽《らく》なので、非科学的、非合理的で実証性のないものについては認めないようなものが、あとになるほど強くなっていったわけです。

7　生命を超《こ》えたものに殉《じゅん》ずる心

戦後に失われていった日本人の信仰心《しんこうしん》

前節では、近年以降、実証性のないものを認めないような流れが強くなってきたと述べましたが、特に戦後の日本社会においては、それが強くなったと思います。

先の戦争で国家神道《しんとう》を中心とした日本軍が敗れたことで、「神頼《かみだの》みしたところで勝てないのだ」というような、宗教へのある程度の絶望感も漂《ただよ》ったところから、信仰心《しんこうしん》を失った面もあるのかもしれません。

そのあたりが、第二次大戦後、長らく議論を戦わせている「戦後問題」かもしれませんし、「靖国《やすくに》問題」までつながっていくものかとは思います。

本当のことを言えば、中国のように、公式にはマルクス・レーニン主義を唱え、唯物《ゆいぶつ》論《ろん》・無神論を国是《こくぜ》とする国にとっては、魂《たましい》などというものはなく、神もいないことになるので、こちらが靖国神社に行こうが行くまいが、それは人がただ散歩しているようなものであって、何も意見を言う必要がないわけです。

「何をバカなことを。神も仏もあの世もなく、魂もないのだから、特攻《とっこう》隊で突《つ》っ込《こ》んで死んだ人だって、死んで肉体が飛び散ったら、それで終わりだ。祀《まつ》ろうが祀らなかろうが、それはその後の子孫の勝手だけども、そんなもの、行ったところで何もいるわけがないのだから、くだらない」と言って済めば、それで終わ

無神論者マルクスの霊を招霊し、死後の行方が判明した『マルクス・毛沢東のスピリチュアル・メッセージ』（幸福の科学出版）

りのはずです。しかし、なぜか、非常に抵抗《ていこう》をしています。

抵抗していることのなかには、やはり、魂を認め、あの世を認めることが、旧日本軍の強さに結びつく力として復活・復元してくるのを恐《おそ》れているところがあるのだと思うのです。

「神のためなら、あるいは、神の代理人としての天皇陛下のためなら、命も惜《お》しまない」ということで、「天皇陛下万歳《ばんざい》！」と言って突っ込んで死んでいくような日本人が、また蘇《よみがえ》ってこられたら困るので、「日本を弱くするためには、そういうことを否定しておいたほうがよい」ということなのでしょう。

本当は、他国の信仰について口を挟《はさ》んで意見する権利など、どこの国にもないのですが、韓国《かんこく》も含《ふく》め、いまだにいろいろなことを言っています。

ただ、「植民地主義」についてだけ言うならば、ヨーロッパや欧米《おうべい》も、みな、植民地をたくさんつくってきましたし、その戦争のために死んだ人たちは、みな、どこの国でも祀られているわけです。

これは先祖供養《くよう》でもありますし、あるいは、華々《はなばな》しい戦果を挙げて散っていった人たちに対しては、「英雄《えいゆう》」として、神に準ずるような扱《あつか》いをして祀っているところもありますので、やはり、本当は他国が口を出すようなことではないのではないでしょうか。

「硫黄島《いおうとう》の戦い」で日本軍が見せた強さ

例えば、「硫黄島《いおうとう》の戦い」なども、日米決戦としては非常に厳しいものがありました。

アメリカのほうが死傷者の数が多かった戦いで、アメリカ軍は、本当は五日で落とすつもりだったものが、日本軍に名将（●栗林忠道《くりばやしただみち》司令官）がいたために、非常に長い戦いになりました。結局、日本軍は二万人以上が死にましたが、アメリ

●栗林忠道〈1891 ～ 1945〉陸軍軍人。小笠原兵団長兼第 109 師団長として、陸海軍硫黄島守備隊を総指揮。硫黄島決戦では米軍よりも圧倒的に不利な戦力にもかかわらず長期戦に持ち込む。中将で活躍の後、最終階級は陸軍大将。

カのほうも、二万数千人という、日本よりも多い死傷者を出したわけです。ちなみに、アメリカのほうでは硫黄島《いおうじま》とも呼んでいたようで、日本語の原語では硫黄《いおう》島《とう》です。

その硫黄島一つ守るために、資源も何もない、硫酸《りゅうさん》ガスが出るような火山島《とう》で、地下道を掘《ほ》り、本当に暑くて四十度を超《こ》える蒸し風呂《ぶろ》のような地下道を何十キロメートルも縦横無尽《じゅうおうむじん》に巡《めぐ》らせて防衛ラインを敷《し》き、艦砲射撃《かんぽうしゃげき》を一斉《いっせい》に浴び続けても、死なずに生き延びて抵抗して戦った、勇敢《ゆうかん》な軍隊がいたわけです。

そのおかげで、アメリカ軍には、「硫黄島の戦いだけでこれだけの死傷者が出るのであれば、もし、本土を占領《せんりょう》しようとしたときには、いったいどれだけの人が死ぬのか」という危惧《きぐ》が出てきました。また、沖縄《おきなわ》での戦いでは日本人二十万人以上が死んだとも言われており、向こうの被害《ひがい》もそうとうありました。

この硫黄島の戦いと沖縄の戦いあたりを参考にすれば、日本は「本土決戦」を唱《とな》えていたので、鉢巻《はちま》きをして女子供《おんなこども》たちまで竹槍《たけやり》で戦う本土決戦を行った場合、どのくらい死ぬかを考えると、「アメリカ軍も百万人は死ぬのではないか」と予想されていました。

そういうことがあったために、非人道的だと思われる原爆《げんばく》も落としたりして、結局は、「天皇制、皇室を残すことで妥協《だきょう》し、降伏《こうふく》してもらう」という選択肢《せんたくし》を取ったということだと思います。

そういう意味では、「本当の意味での完全無条件降伏にはなっていない」と、私も思うのですが、向こうも、戦死者が百万人も出るのを恐れたのでしょう。

硫黄島の戦いだけで二万人以上の死傷者が出たのであれば、本土決戦を決行した場合には、百万人ぐらいのアメリカ人が死んでも当然でしょうが、「アメリカの若者たちが百万人も死ぬのは、さすがに耐《た》えられない。それだけの利益があるとはとても思えない」と、彼らも考えたのだろうと思います。

その結果、原爆で脅《おど》したり、焼夷弾《しょういだん》で東京の町などを焼き尽《つ》くして脅したりしました。脅迫《きょうはく》として殺したわけです。

美談として、「京都や奈良《なら》のような神社・仏閣《ぶっかく》があるところは、焼夷弾を落として焼いたりはしなかった」というようなことを言って、ちゃんと文明人であることを伝説として伝えてはいますが、実際のところ、「焼き討《う》ち計画」はちゃんとあったのです。それが行われる前に日本の降伏があったというだけで、実際は、京都を丸焼きにする計画もしっかりと持っていたので、そのままで行けば、京都も奈良も、焼かれていたはずです。このあたりは、戦後、かなり美化されたところがあります。

原爆を落としたところを、ナチス張りの殺戮《さつりく》だと言われないよう、「戦争を早く終わらせる必要があった」というところに合理化していくために、美化された部分はあると思います。

「魂《たましい》の永続性」を信じるがゆえに高い戦意を見せた日本の英雄《えいゆう》

いずれにしても、死後の世界を認め、魂《たましい》の永続性を認めることは、考え方によっては、戦《いくさ》における戦意を高める効果があるわけです。

例えば、楠木正成《くすのきまさしげ》のような人は、「七生報国《しちしょうほうこく》」といって、「七回生まれ変わっても、国のために報恩する。報《むく》いる覚悟《かくご》である」と誓《ちか》っていました。

あるいは、おそらくは明治維新《いしん》の精神的主柱になったと言われている吉田松陰《よしだしょういん》にしても、その死の前日に書き遺《のこ》した『留魂録《りゅうこんろく》』等を読んでみると、やはり、魂の永続性を信じているがゆえに、「死を恐れずになすべきことをなさねばならん」という遺志を懇々《こんこん》と説いています。

「親不孝はもとより承知の上ではあるけれども、やはり、この真実の前に、地上的な命を惜しむことはできない」というような思想が、維新の大きな戦いを起

●楠木正成〈1294 頃～ 1336〉南北朝時代の武将。後醍醐天皇の鎌倉幕府討伐に参加し、建武新政樹立に貢献。明治期には「忠臣の鑑」と讃えられた。

●吉田松陰〈1830 ～ 1859〉長州出身の幕末の志士、兵学者、陽明学者。松下村塾から人材を数多く輩出、のちの明治維新の原動力となった。

こした原動力になっているのです。

「戦いの正邪《せいじゃ》の判断」に迫《せま》られたアメリカの南北戦争

魂の永続性のようなものを認めれば、確かに戦意は高まるものがありますが、だからといって、あの世の世界や魂の永続性を認めれば、みな野蛮《やばん》人になって、戦争ばかりするというわけではありません。このあたりのところは、一つ、考えを分けなければいけないでしょう。

その場合は、もう一段、「地上において戦いが起きるときに、それが正しいか、正しくないか」という観点があると思うのです。

アメリカ人でいえば、神のごとく尊敬されている第十六代大統領リンカンも、まさか、あの南北戦争で六十万人以上もの人が死ぬとは予想しなかったというのが本当のところでしょう。

南部が、「北部から分かれて独立したい」と言って、南部の大統領を立てるという、アメリカ分裂《ぶんれつ》の危機でした。

当時、南部の人々は奴隷《どれい》を持っており、奴隷によるプランテーション、綿花栽《さい》培《ばい》等をしていたこともあって、それは彼らの財産でした。そのため、南部のほうも、「財産を奪《うば》われてまでして、南北平等にする必要があるか」ということで財産権を守るために必死に戦ったわけであり、一定の理由がないこともないのです。「こちらも大統領を立てて、別の国になれば構わないのではないか。北部は北部で、奴隷を使わない仕事をすればよいでしょう。南部では奴隷が必要なのだ。これは財産でもあるし、重要な工業の労働力になっているから、守りたい」と南部の大地主たちは考えたわけです。

昔、スカーレット・オハラが出てくる「風と共に去りぬ」という映画がありましたが、あれは、「南部が北軍によって荒《あ》らされた」という視点で、北軍を悪く描《えが》いた映画でした。

あるとき、鬼《おに》のような北軍がやって来て、南部の土地を焼き払《はら》い、焼け野原になってしまったため、大地主の娘《むすめ》である主人公をはじめ、優雅《ゆうが》な生活をしていた人たちも、みな財産を失ってしまいます。そして最後は、主人公が、以前住んでいた地のことを思いながら、「もう一回再建するぞ」と決意するところで終わる映画でした。

このように、「風と共に去りぬ」は、リンカンを代表とする北軍を、鬼のごとき犯罪人のように扱った作品であるわけですが、日本でいえば、会津《あいづ》人の立場から描いた薩摩《さつま》・長州《ちょうしゅう》の姿に当たるでしょう。あの映画は、そうしたことを描いています。

「風と共に去りぬ」　1939年公開のアメリカ映画。原作・マーガレット・ミッチェル。

戦死者が出ても「神の正義」の下《もと》に戦うことを選んだリンカン

戦争をすれば、多くの人が死にます。しかし、リンカンのように、神を信じ、信仰心のあった方でも、やはり、「利益の比較衡量《ひかくこうりょう》」をして行ったことであるわけです。

南軍にはリー将軍という優秀《ゆうしゅう》な司令官がいたのに対し、北軍にはグラント将軍という、いつもヘマをして失敗ばかりする人がいました。南北戦争は、このリーとグラントの戦いだったわけですが、南軍の将軍のほうが優秀で、戦争後も生き延びて大学の学長をしたような人だったこともあり、北

リンカン（1809 ～ 1865）
アメリカ合衆国第 16 代大統領。南北戦争の際、奴隷解放宣言を出し、世論の支持を得るが、北軍勝利の直後に暗殺された。「人民の、人民による、人民のための政治」という言葉が有名。

軍は負けてばかりの戦となりました。そのため、南北戦争では、屍累々となって、アメリカの歴史上、最大の戦死者を出したわけです。

当時、アメリカの人口は、同時代の日本とほとんど変わらなかったと言われているので、おそらく、三、四千万人ぐらいだったと思われますが、そのうちの六十数万人が死にました。ベトナム戦争でさえ、アメリカ人の死者数は五万人程度ですから、それよりもはるかに悲惨《ひさん》な死者数を出しています。

そのときの最高指揮官でもあった大統領がリンカンだったわけですが、彼は戦争によって人殺しをすることに苦しみながらも、神に祈《いの》りながら人を殺しているのです。すなわち、そうした多くの犠牲《ぎせい》をも超えたものがあることを認めていたわけです。「神の正義」なり「普遍《ふへん》なるものの価値」なり、そういった「何が正しいか」という問題の下《もと》には、その六十万人の死も避《さ》けえないものがあったということでしょう。

現代の日本では、「人が一人も死なないことをもって、真理が失われても構わない」「人が死ななければよい」という思想が流行《はや》っていますが、彼はそういう思想を取りませんでした。「南北の分裂や、奴隷売買のようなことは、やはり、神の名に誓って、許されるべきことではない」という方向で判断をして動いたわけです。

その際、神からの命令を受けていたのだと考えられますが、そうした悪《あ》しき人身売買をなくし、平等な世界をつ

奴隷制の存続をめぐって熾烈な戦いが繰り広げられたアメリカの南北戦争。
（絵：終戦への端緒となったアトランタ方面での戦い）

くっていくために、たとえ、結果的に六十万人もの人々が犠牲になったとしても、統一アメリカを目指して平等な社会をつくる方向に動いていったのです。

日本の明治維新においても、「無血革命」と言われてはいるものの、やはり、人が亡《な》くなっていないわけではありません。しかし、その後に来たものがかなりの繁栄《はんえい》を生んだという面で肯定《こうてい》されている部分があるのでしょう。それを会津の人が許しているかは分かりませんが、一般《いっぱん》的にはそのように考えられるわけです。

8　民主主義と戦争の関係

「戦後日本の民主主義」と「欧米《おうべい》の民主主義」の違《ちが》い

さまざまな例を挙げてきましたが、近代以降、魂《たましい》や、あの世の世界を否定していく哲学《てつがく》のもとに、「この世の法律だけを立てていけば、合理的にうまく裁いたり判断したりすることができる」といった考え方のほうが強くなってきたのは事実でしょう。

戦後日本においても、法哲学に関しては、「尾高朝雄《おだかともお》vs.宮沢俊義《みやざわとしよし》」の論争等がありましたが、一般的《いっぱん》には、宮沢俊義が圧勝したのではないかと言われています。

尾高朝雄は、法哲学の根源として、「法の究極にあるもの」を考えていたと思

●尾高朝雄〈1899 ～ 1956〉法学者。東京大学名誉教授。論文「国民主権と天皇制」を巡り、宮沢俊義と論争。主著『実定法秩序論』等。

●宮沢俊義〈1899 ～ 1976〉憲法学者。東京大学名誉教授。戦後、日本国憲法の審議に参加し、「八月革命説」を提唱。司法界に多大な影響を与えた。

われますが、そちらを打ち砕《くだ》いたほうが勝ったように言われているのです。

ただ、宮沢俊義については、以前、当会において、「朝日新聞の守護神《しゅごしん》」なる霊《れい》を呼んでみたところ出てきた人ではあったので（『現代の法難《ほうなん》④』〔幸福の科学出版刊〕参照）、彼の何が正しいと認められたのかは分かりませんが、それが、戦後の法律・政治的な論調における主流の一つになったことは間違《まちが》いありません。

宮沢氏の「八月革命説」では、「一九四五年八月のポツダム宣言受諾《じゅだく》により、日本は米軍から〝下賜《かし》〟された憲法案を呑《の》んで、その憲法を受け入れたことで『八月革命』が起き、新しい政体が成り立ったのだ」ということが言われていますし、天皇が「人間宣言」をされたことで、「新しい民主主義的な社会をつくった」ということになっては

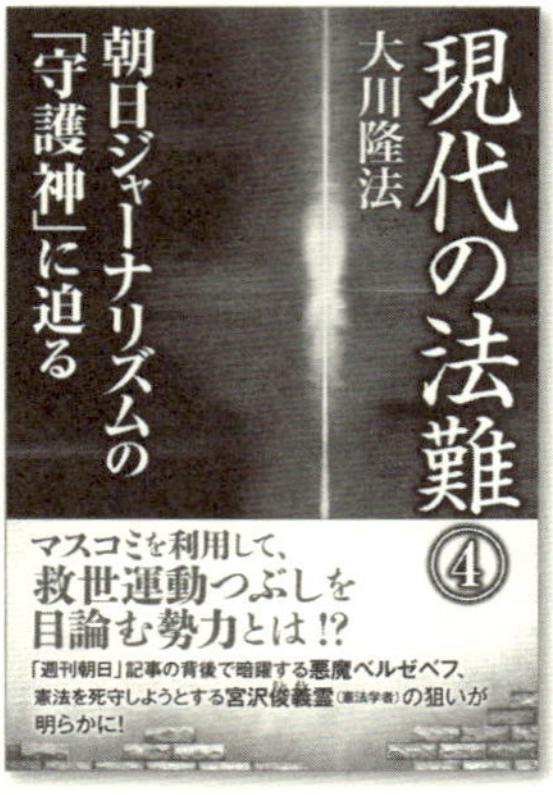

宮沢俊義の霊言が収録された
『現代の法難④』
（幸福の科学出版）

いるわけです。

確かに、この「民主主義社会」は、かたちとしては、欧米《おうべい》の民主主義と似たものがありますし、議会制民主主義であることは事実です。ただ、そのなかには、信仰心《しんこうしん》の部分をなおざりにし、神仏への信仰心を軽《かろ》んずるものが入っていたことも事実です。そして、そこは、「天皇制を実質上、骨抜《ほねぬ》きにする」ことと同じものがあったのではないでしょうか。

実際、「議会制民主主義」そのものは、すでに、明治以降の日本にはあったものなので、決して敗戦によって来たものではないのですが、何となく、日本人の戦後の〝刷り込《こ》み〟として、「GHQが持ち来たらせてくれたものが民主主義」というように思い込んでいるところがあります。しかし、本当は明治時代からあり、「大正デモクラシー」という民主主義もあったわけです。

全体主義と軍国主義が同じとは言いがたい――古代ローマの例

確かに、ある意味で、戦時体制自体はどこも軍事一色になるので、一元化される体制になる面がありますが、これを、「軍事体制になれば全体主義になる」と言ってよいのかどうかは、非常に難しい部分ではあるでしょう。

基本的に、多元的な価値観が議論されているなかで戦争をするのは難しいところもあるのですが、全体主義的に見える面がそうとうあることは事実です。

翻《ひるがえ》って、古代ローマを見れば、その時代には元老院《げんろういん》というものがあって、議会でいろいろなことを決めていました。戦争を行うかどうかもそこで決めましたし、戦争の指揮官、コンスルも、そこで二人が選ばれて、司令官として出て行きました。

もちろん、殺されても、また選挙で次々と選ばれて出てくるわけですから、要

郵便はがき

料金受取人払郵便

赤坂局承認

6467

差出有効期間
平成28年5月
5日まで
(切手不要)

1078790

112

東京都港区赤坂2丁目10—14
幸福の科学出版(株)
愛読者アンケート係 行

フリガナ お名前	男・女	歳
ご住所 〒 都道府県		
お電話 ( ) —		
e-mail アドレス		
ご職業 ①会社員 ②会社役員 ③経営者 ④公務員 ⑤教員・研究者 ⑥自営業 ⑦主婦 ⑧学生 ⑨パート・アルバイト ⑩他 ( )		

ご記入いただきました個人情報については、同意なく他の目的で使用することはございません。ご協力ありがとうございました。

愛読者プレゼント☆アンケート

『法哲学入門』のご購読ありがとうございました。今後の参考とさせていただきますので、下記の質問にお答えください。抽選で幸福の科学出版の書籍・雑誌をプレゼント致します。(発表は発送をもってかえさせていただきます)

1 本書をお読みになったご感想

(なお、ご感想を匿名にて広告等に掲載させていただくことがございます)

2 本書をお求めの理由は何ですか。

①書名にひかれて　②表紙デザインが気に入った　③内容に興味を持った

3 本書をどのようにお知りになりましたか。

①新聞広告を見て [新聞名：　]
②書店で見て　③人に勧められて　④月刊「ザ・リバティ」
⑤月刊「アー・ユー・ハッピー?」　⑥幸福の科学の小冊子
⑦ラジオ番組「天使のモーニングコール」　⑧幸福の科学出版のホームページ
⑨その他 (　)

4 本書をどちらで購入されましたか。

①書店　②インターネット (サイト名　)
③その他 (　)

5 今後、弊社発行のメールマガジンをお送りしてもよろしいですか。

はい (e-mailアドレス　) ・ いいえ

6 今後、読者モニターとして、お電話等でご意見をお伺いしてもよろしいですか。(謝礼として、図書カード等をお送り致します)

はい ・ いいえ

弊社より新刊情報、DMを送らせていただきます。新刊情報、DMを希望されない方は右記にチェックをお願いします。　□DMを希望しないするに、民主主義的な戦争においては終わりがないのです。

王制であれば、王様を倒《たお》せばそれで戦争は終わりになりますが、古代ローマ帝《てい》国《こく》時代のローマは、選ばれた指導者が次々と出てきました。これが、民主主義に基《もと》づく政体であり、戦死しても次の人が出てくるため、結局、戦争は永遠に終わらず、戦い続けることができる体制であるわけです。

そういう意味では、「全体主義と軍国主義は同じだ」という言い方もあるかもしれませんが、「議会で議論した上で戦いをするかを決め、そして、指導者を選ぶ」というシステムがある国と、一般の意見はまったく反映されないような、軍事国家体制を敷《し》いている国とは、似てはいても、やはり、多少違う面があるのではないでしょうか。

戦争によって民主主義が広がった——ギリシャの例

ローマではそのようなかたちになっていましたが、そのもとにあったのがギリシャの民主制です。

二千五百年ほど前、ソクラテスが死ぬ百年前あたりから始まった、当時のトルコとの戦いで、ギリシャは重装《じゅうそう》歩兵軍団を敷かなければいけないために、農民までかり出して軍人に仕立て上げました。

重装歩兵というのは、鎧兜《よろいかぶと》で重装備した軍隊のことで、集団で密集して行く戦法で戦っ

重装歩兵軍団　全身を重装備した兵が密集した隊形（ファランクス）を組んで戦った（古代ギリシアでは「ホプリテス」と呼ばれる）。

ていたのですが、農民まで軍人にし、高価な武具まで与《あた》えて兵隊にした以上、市民権を与えざるをえなくなったため、農民も「ローマ市民」になることができたのです。

そういうことがあって、「戦争によって民主主義が広がった」ということが分かっていますが、その伝統がギリシャからローマに引き継《つ》がれているわけです。

このへんが、ある意味で民主主義が戦争に強い面でもあるでしょう。それは、次々と指導者が出るところと、新しい士族階級というかたちで、武士階級でなくても軍人になれるところなどです。要するに、「人材が出てくる」というところが、「民主主義が戦争においても強い面がある」と言えるところではないかと思うのです。

戦争における民主主義の長所と短所――ローマ 対 カルタゴの例

かつて、ローマは、ポエニ戦争において、カルタゴと戦いました。

カルタゴは、地中海に面したアフリカ北端《ほくたん》のほうにあった国で、現在のエジプトの隣《となり》のチュニジア辺りにありましたが、当時は商業都市国家として非常に繁栄《はんえい》していました。

このカルタゴがポエニ戦争でローマと戦うわけですが、自国の軍隊を持っておらず、最初は傭兵《ようへい》で戦っていたような国で、三回にわたる、かなり長い戦争を経験しています。

このなかで、カルタゴからハンニバルという英雄《えいゆう》が出てきて、「象を使ってスペイン回りでアルプス越《ご》えをし、イタリアの北部から、ローマを狙《ねら》う」ということを行っています。ローマから見れば、地中海を挟《はさ》んだ南の国と戦っているのに、

「アルプス越えをして北から攻め下《せ》りてくる《お》」という、ナポレオンのようなことをしているのです。

ハンニバルがそういう戦いを挑《いど》んできたために、ローマは、あと一歩のところまで追い詰《つ》められてしまい、イタリアの北部の州もほとんどカルタゴに下って陥《かん》落《らく》寸前までいきます。しかし、そのときに、ローマは、「カルタゴの本拠地《ほんきょち》を襲《おそ》う」という、別の戦法をとります。つまり、「ローマを守るのではなく、カルタゴの本拠地を攻める」という戦法で、海軍を出してカルタゴの本拠地を攻め落としてしまうということを行ったのです。

ハンニバル・バルカ
（前247～前183頃）
カルタゴの将軍。第二次ポエニ戦争等を指揮。「ローマ史上最強の敵」と語り継がれる。戦術家として、後世、各国の軍隊から研究されている。

カルタゴにはハンニバル以外に有能な指導者がいなかったために、「本拠地を襲われたら帰るところがなくなるから、これは大変だ」ということで、取って返すことになるわけですが、以後、カルタゴが劣勢《れっせい》になりました。

名将として五本の指に入ると思われる人には、ハンニバル以外に、スキピオ・アフリカヌスという方がいます。この人はローマ人でありながら、ハンニバルを尊敬しており、「自分は、実際上の弟子《でし》に当たる」と自任して、ハンニバルの兵法に学び、私淑《ししゅく》していた方です。

ところが、このスキピオ・アフリカヌスは、ハンニバルが使った包囲殲滅《せんめつ》戦を、実際にアフリカでの戦いで使い、ハンニバルが使った戦法とまったく同じ戦法によってハンニバルの軍隊を破ってしまい

スキピオ・アフリカヌス
(前236～前183)
共和政ローマ期の軍人、政治家。第二次ポエニ戦争後期に活躍。「ザマの戦い」でカルタゴのハンニバルを破った。

ます。ハンニバルが弟子に完敗を喫《きっ》したわけです（ザマの戦い）。

スキピオはハンニバルを逃《に》がしてあげたようですが、その後、ハンニバルは再起を期して、いろいろな国を転々とするものの、うまくいかずに終わっています。

そのように、カルタゴは三回のポエニ戦争をしましたが、最後はローマの議会で大カトーという人が、「カルタゴはもう殲滅してしまえ！」と、大きな声で叫《さけ》んだために、それが通ってしまい、とうとう、一人残らず殺すことになって、カルタゴを皆殺《みなごろ》しに

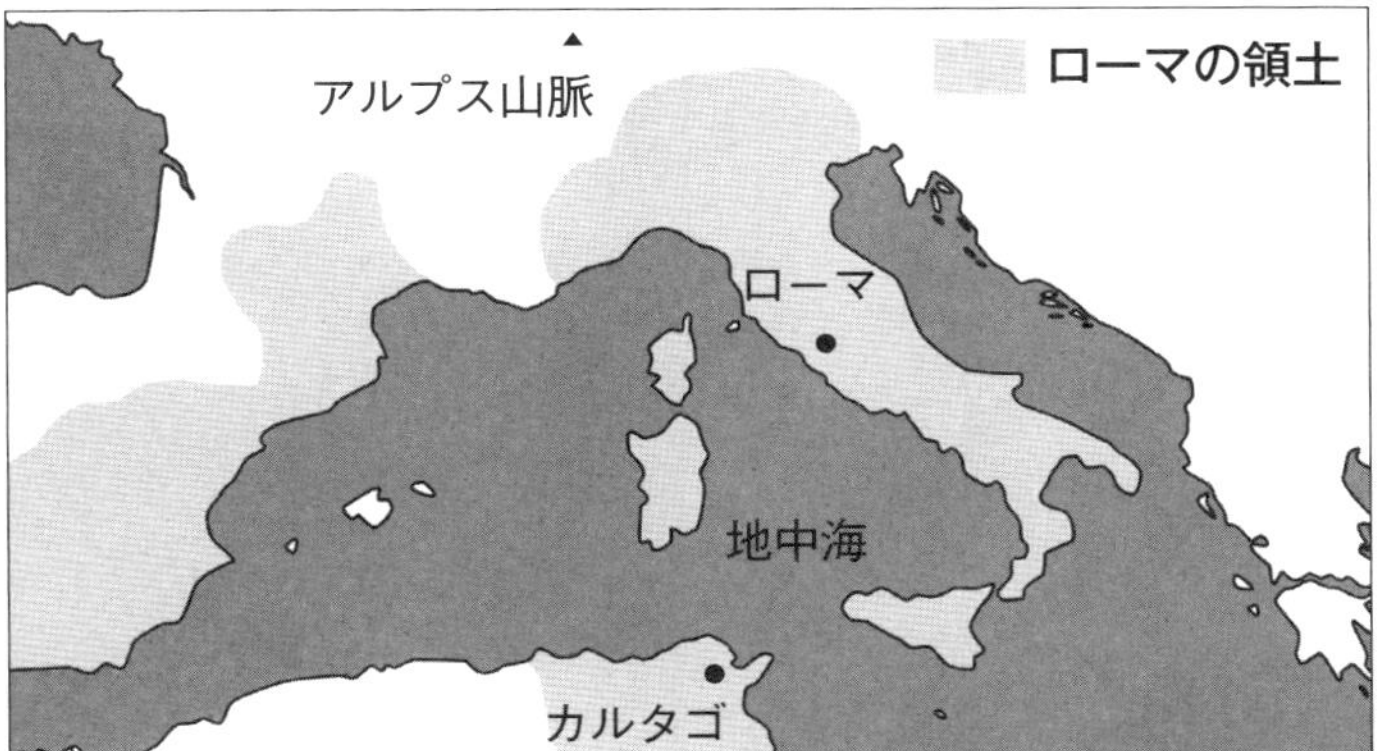

ポエニ戦争　前３～２世紀、イタリア半島を統一したローマがカルタゴと衝突し、３回にわたって戦った戦争。第二次ポエニ戦争ではハンニバルの奇襲によってローマが危機に陥るも、スキピオがハンニバルへの補給路を断つとともにカルタゴ本土に侵入し、ローマ軍が勝利を収めた。

してしまうのです。

当時の人数は、おそらく、市内だけでも、最低二十万人はいたと思われるのですが、建物という建物は全部破壊《はかい》され、畑という畑も、塩を撒《ま》かれて使えないようにされるなど、徹底《てってい》的に破壊されたのです。

塩を撒いて、二度と農作物が穫《と》れないように、要するに、人間が生きていけない状況《じょうきょう》にしたという、この憎《にく》しみにはすごいものがあります。もう、草木も生えないようにするところまで塩を撒き、もう二度と、ここで生きていけないようにするところまで、徹底的に殲滅をしてしまいました。これは、「原爆《げんばく》を落とす」という考え方に近いものがありますが、そういうことをしたのです。

民主主義国家であっても、そこまでしてしまうことは当然あるわけですが、それでも民主主義のよいところを挙げるとするならば、やはり、人材が次々と出てくる可能性があるという点でしょう。「軍事においても、政治においても、経営

●大カトー（マルクス・ポルキウス・カト・ケンソリウス）〈前234〜前149〉
共和政ローマ期の政治家。第二次ポエニ戦争で頭角を現す。

においても、いろいろな面において、さまざまなところから、リーダーが次々と出てくる」というところです。国体でも政体でも、あるいは、会社でも何でも結構ですが、そういう考え方であれば、リーダーが連綿と出てくる面があるわけです。

結局、一代の天才に頼《たよ》りすぎると、「ハンニバルが敗れたら、もはや戦える人がいない」というようなことが起きるわけであり、このあたりには思想的なものがあると言えるでしょう。

9 「日本はファシズム国家だった」という〝刷り込《こ》み〟

第二次大戦を「ファシズム 対 民主主義の戦い」と言うアメリカ

現在、アメリカの政治学では、ハーバード大学等でも、「第二次世界大戦はファシズム 対 民主主義の戦いなのだ」と教えています。

そのため、日本から、ハーバード大学あたりへ留学し、国際政治学等を勉強してきた人は、不思議なことに、みな、左翼《さよく》になって戻《もど》ってくるのです。これは実に不思議なことです。

まさかアメリカに行って、左翼になるとは思わないでしょう。中国や昔のソ連に行けば左翼になるかもしれませんが、アメリカに行って、左翼になって戻ってくるのです。

あちらの学校では、「第二次世界大戦は、ファシズム 対 民主主義の戦いだったのだ」ということを教えていますし、国連もそういう趣旨《しゅし》で出来上がっていますから、そういう意味で、「日本はファシズム国家だったのだ」ということになり、かつてのイタリア、ドイツと同じ扱《あつか》いになっているわけです。

しかし、そのなかには、「思想の単純化」と、「戦時プロパガンダ」、つまり、戦争中の宣伝とが一体化しているものがあるため、やはり、実際には、必ずしも正しいとは言えないと思います。

アメリカへの留学経験があり、国連大使（軍縮会議日本政府代表部特命全権大使）などにもなられたことのある、元上智《じょうち》大学教授の●猪口邦子《いのぐちくにこ》さんもそういう言い方をしており、「ファシズム 対 民主主義の戦いだった」というようなことを、上智大学で教えていたようです。

●猪口邦子〈1952 ～〉政治学者。上智大学教授、内閣府特命担当大臣（少子化対策・男女共同参画）等を歴任。主著『ポスト覇権システムと日本の選択』等。

ただ、同じ上智大学の先輩《せんぱい》である、渡部昇一《わたなべしょういち》氏などは、「これは間違《まちが》いだ」というようなことをおっしゃっていたように記憶《きおく》しています。

そのような〝刷り込《こ》み〟があるので、留学も、いちおう気をつけないといけないところはあるのです。

アメリカ留学後、初代の教えとは正反対になった生長《せいちょう》の家《いえ》三代目

このような場で述べてよいことかどうか分かりませんが、宗教団体「生長《せいちょう》の家《いえ》」の三代目の方が、青山学院の法学部からアメリカの大学に留学し、国際政治を学ばれたそうですが、やはり、第二次世界大戦については、「ファシズム対民主主義の戦い」と教わって帰ってきたようです。

それまでは、皇居の前で人々が日の丸の旗を振《ふ》るのを、生長の家がバックアップをして行っていたわけです。しかし、三代目になると、本人は左翼だと思って

いなくても、留学をしたために実質上の左翼になっていて、「日本の天皇制は間違っているのだ」という〝刷り込み〟が頭に入ってしまったようです。

産経新聞に勤めていたこともあったらしいのですが、結局は左翼的になってしまい、最近では、「人間は魂《たましい》ではなく遺伝子だ」と、リチャード・ドーキンスのようなことを言ってみたり、環境論《かんきょうろん》ばかり言ったりと、初代の考えとは正反対の、極端《きょくたん》なところまで行ってしまっています。宗教としては、「信者がついていくのは大変だろうなあ」と思います。お年寄りの人だけが、かろうじて、「我慢《がまん》すればいられるかどうか」というところでしょうか。

最近も、「CO_2が出るのでよろしくない」ということで、原宿《はらじゅく》の本部を売り飛ばし、山梨県《やまなし》に七万平方メートルぐらいの広大な土地を買って移転する計画を立て、「CO_2を出さない生活をする」などということを言っていますが、私としては、「もうこれで終わりだろう」と思って見ています。

生長の家の信者がたくさんいるブラジルのほうでも、最近では、やはり、環境破壊《はかい》に反対する運動だけを一生懸命《いっしょうけんめい》にしているようなので、もともとの、日本神道《しんとう》の神の教えを受けて活動をしたり、天皇制賛成型の思想を奉《ほう》じたりするものとは正反対になっているようです。

このように、政治的に考え方が変わると、そういうこともあるわけです。宗教においても、そのあたりの考え方が変われば、違ったものの見方ができてしまうことがあるので、気をつけなければいけません。

「戦争学」「平和構築学」において政体の違《ちが》いは大きな問題ではない

先ほど、ローマ 対 カルタゴの話のなかでも述べたように、「民主主義だから戦争をしない」ということはありません。民主主義の国であっても、戦争はよくしているのです。

「民主主義の国だから、平和的で、相手に対して非常に寛容《かんよう》な取り扱いをするか」といえばそんなことはなく、民主主義の国だからこそ、徹底的《てってい》に相手を殲滅《せんめつ》する場合だってあるわけです。

したがって、戦争学を「平和学」として捉《とら》えたときの「善悪およびそのありようの判定」ということと、「政治制度としての民主主義、あるいは、法治《ほうち》国家であるかどうか」ということは、必ずしもイコールではないと考えます。

ただ、いわゆる独裁国家として悪名高いものは、後々《のちのち》まで人々の恨《うら》みが消えることがなく、怨恨《えんこん》を引っ張ることが多いのに対し、民主主義の場合には、「もし間違《まちが》っていたとしても、リスクが分散される」ということはあるでしょう。

民主主義においては、結局、いろいろな人が責任を負うことにはなるので、その意味での、リスク分散になるのですが、専制国家風のところであれば、「憎《にく》しみが皇帝《こうてい》一人に集まりやすい」ということが言えるでしょう。

そのように考えると、「戦争学」、あるいは、その逆を取って「平和構築学」を考えるという意味においては、こうした政体の違いはそれほど大きな問題ではないように思われます。

やはり、その目的と、「その考えを押《お》し広げていった結果、最終的にはどうなるのか」というところを見ていかねばならないのではないでしょうか。

10 ハンナ・アーレントと「アイヒマン裁判」

映画「ハンナ・アーレント」から見る「悪の凡庸《ぼんよう》さ」

いみじくも、「ハンナ・アーレント」という映画が日本でも上映されましたが、そこで指摘《してき》しているように、ドイツのナチズムについて、「ユダヤ人迫害《はくがい》という、人類史上、かつてないような罪を犯《おか》した」「六百万人以上のユダヤ人がガス室に送られて殺された」というような言い方で裁いています。

映画「ハンナ・アーレント」
2012年公開（ドイツ・ルクセンブルク・フランス）

ドイツが戦後七十年も、立ち上がれずにいるところは、日本と同じだと思いますし、日本以上かもしれません。「罪を許さない」という意味では、日本よりも、さらに厳しいところがあります。

映画「ハンナ・アーレント」では、〝ユダヤ人狩《が》り〟をして、ガス室行きの列車に乗せる責任者をしていたアイヒマンという人が、戦後、一九六〇年に、アルゼンチンで捕《つか》まるところから話が始まります。

そして、イスラエルで行われたアイヒマン裁判を、ハンナ・アーレントが実際に傍聴《ぼうちょう》し、その結果を、週刊誌「ザ・ニューヨーカー」に五回に分けて書くわけです。しかし、それに対するユダヤ人仲間からの囂々《ごうごう》たる非難がやまず、勤めていた大学からも「大学教授の職を辞《や》めてくれ」と言われては、「辞めません」と言い返すようなやりとりをして、非常に頑張《がんば》っている姿が描かれているのです。

アーレントは、実際に、ユダヤ人を捕まえては列車に乗せて強制収容所に送っていたアイヒマン本人の裁判を、生《なま》で、客観的に傍聴します。アイヒマン自身は、殺されるといけないので、ガラスの箱のなかに入っていて、通訳を通して裁判が行われるのですが、彼女はジーッとそれを傍聴するわけです。

このアイヒマンという人はものすごく巨悪《きょあく》であり、少なくとも、ヒトラーやゲッベルス宣伝相に次《つ》ぐぐらいの悪人でなければいけないはずですし、彼女もそう思っていたところもあったのですが、実際に実物を見たとき、彼女の目には、あまりにも平凡《へいぼん》に映りました。

「悪は、これほどまで平凡なのか。平凡な人の指揮下で、何百万人もの人が殺されるような大きな罪が行われたのか」ということを知り、「悪の凡庸《ぼんよう》さ」ということを言うわけです。彼女は、応答するアイヒマンを実物として見て、「これは凡人だ。小役人にしかすぎない」と結論づけるのです。つまり、こんな人物は、どこの市役所にでもいるような役人であり、〝普通《ふつう》のおじさん〟であると感じた

●アドルフ・オットー・アイヒマン〈1906 ～ 1962〉ドイツのナチス親衛隊中佐。第二次大戦中のユダヤ人大量虐殺に関与したとされ、死刑となった。
●パウル・ヨーゼフ・ゲッベルス〈1897 ～ 1945〉ドイツの政治家。ナチス政権の宣伝相として報道統制を行い、巧みな演説で国民を戦争に動員した。

のでしょう。

裁判でずっと議論を重ねても、「自発的な行為《こうい》でもってユダヤ人を殺そうと思ったり、思想的なバックボーンでもって彼らを殺そうとした」などという発言は、一切《いっさい》ないのです。「上からの命令を受けて、私はその職務を果たしただけだ」という内容のことしか言いませんし、それが嘘《うそ》ではないというのは、実際の裁判を見ていたら分かります。ユダヤ人を集めて、列車に乗せたことについては「言われたとおりやっただけだ」と、その先がどうなるかなどは考えたこともないような反応をしたり、ガス室で大量に殺されたことについては、「私は手を下《くだ》していない」と他人事《たにんごと》であったり、「私はそれをただ淡々《たんたん》と、仕事をしていただけだ」と言い張っているのです。

もちろん、彼は最終的には絞首刑《こうしゅけい》になりました。アーレントも、彼が絞首刑になるのは当然だと思ったけれども、ただ、これは、いわゆる悪魔《あくま》がグワーッと這《は》い上がってくるようなデモーニッシュな意味での悪人、つまり、大きな罪を犯すための〝情熱〟を持って悪魔が立ち上がってきて、人々を迫害したような悪人ではなくて、「どこにでも出てくる悪である」と考えます。

要するに、「役人という立場に立てば、これは必ず行われることであり、命令に従っただけ。従わなければ自分の身が危なくなるだけのことだった」ということです。

哲学《てつがく》の目から見た「悪」を提示し続けたハンナ・アーレント

アーレントは、その「悪の凡庸さ」を書いたために、ユダヤ人からの非難が囂々と起き、友人たちが次々と彼女に絶交を申しつけるようなことまで起きてきて、身の回りにいろいろな悲劇が襲《おそ》います。

しかし、「政治哲学《てつがく》者として透徹《とうてつ》した目で見るかぎり、自分の考えに誤りはない」ということで、考えを曲げませんでしたし、勤めている大学から、「大学を辞めろ」と迫《せま》られても、「私は辞めない。私は間違《まちが》っていない。間違ったことは書いてない。見たとおりのこと、真実を書いているだけだ」と反論するのです。

そのため、「アーレントはユダヤ人なのに、まるでナチスを擁護《ようご》したかのような文章だ」「『悪が平凡だ』と言って、ナチスを擁護しているように見えるではないか」「こんなことは許されないのだ」というようなことを言われるのですが、それでも、

マルチン・ハイデガー
（1889～1976）
ドイツの哲学者。存在は実存を通してのみ理解可能であるとする実存哲学を提唱。主著『存在と時間』『形而上学とは何か』等。

ハンナ・アーレント
（1906～1975）
政治思想家。ドイツ生まれのユダヤ人女性で、全体主義を批判。主著『全体主義の起源』『人間の条件』等。

彼女は、自分の心に正直に、哲学の目から見て書いているのです。

ただ、これを悪く取る人には、アーレントがハイデガーの愛弟子《まなでし》であり、実質上、愛人でもあったということも関係していたかもしれません。なぜなら、ハイデガーは、「ナチスを擁護した」と糾弾《きゅうだん》されているからです。

そういうところで、「ハイデガーへの愛が入っているから、そのように手ぬるくやっているのではないか」と思う人もいたのでしょう。

しかし、彼女は、やはり、透徹した目で見て、「悪というものは起きるものだ」と判断したのだろうと、私は思うのです。

おそらく、毛沢東《もうたくとう》の支配下で起きた中国人殺しも、スターリン支配下の時代に起きたロシア人殺しも、下にいる人たちは、本当に淡々とやってのけたに違いありません。

そのあたりの、「悪魔が入ったか、そうでないものか」というところの見分け方は実に難しく、戦争というものの判断も、実に実に難しいものだということを感じます。

11　ヘーゲルとマルクスの「人間性」

国家主義的な特徴《とくちょう》が挙げられる「ヘーゲル哲学《てつがく》」

前節でハイデガーという名前を出しましたが、観念論哲学《てつがく》は、ヘーゲルの流れを汲《く》み、ハイデガーのあたりでだいたい集大成され、その後、実存主義哲学へと移っていくことになるわけです。

ヘーゲル哲学は、ある意味で、「神が地上に降りてつくったかのような哲学」とも言われる、非常に体系的な哲学なのですが、国家主義的な面が強いことも一つの特徴《とくちょう》として挙げられます。つまり、そこに「国家観」があるわけです。「哲学でもって、国家を運営していこう」という考え方が強くあります。

このヘーゲルの国家観、国家哲学が右派と左派に分かれていくわけですが、保守派的なものにはハイデガーまで流れていく流れがあり、結局、それがナチスの擁護《ようご》にもなったのではないかと批判されているわけです。

そのように批判する人、つまり、「『開かれた世界』では、この世を取り扱《あつか》っていて、あの世のことを信じるような人や、神やあの世の魂《たましい》などを引っ張り出してくるような人は、『閉じた世界』を展開している」といったカール・ポパー的な考え方をする

ジャン=ポール・サルトル
(1905 ~ 1980)
フランスの哲学者、小説家、劇作家。「実存は本質に先立つ」と主張し、無神論的実存主義の立場に立つ。主著『存在と無』等。

ニーチェ(1844 ~ 1900)
ドイツの哲学者、古典文献学者。主著『権力への意志』『ツァラツストラはかく語りき』等。「神は死んだ」という言葉が波紋を呼び、「超人」思想がヒトラーに影響を与えた。

人たちは、「それ見たことか」ということで、ヘーゲルにその悪を見るわけです。ヘーゲルのあとに出てくる、ニーチェは、観念論哲学に入るかどうかは分かりませんが、要するに、「ハイデガーまで流れてくる観念論哲学者たちが、国家主義と一体化しているのではないか」と言われているのです。

観念論哲学の流れには、フィヒテやシェリングなど、さまざまな人が出てきますが、「観念論哲学は国家主義ではないか。これが、結局はナチスをつくったのではないか」と、のちに出てきたハイデガーが責められることになりました。これによって、ドイツには、偉大《いだい》な哲学者が、事実上、出なくなるわけです。

第二次大戦後は、フランスの実存主義哲学など、サルトル以下の者が出てきますが、〝哲学〟とは言っているものの、〝私小説〟のレベルにしかすぎず、私から見ると、哲学に値《あたい》しないと思います。ただ、それらは、なぜか、毛沢東《もうたくとう》思想と相《あい》性《しょう》がよいようで、中国とフランスの仲がよくなった面はありました。

●ヨハン・ゴットリープ・フィヒテ〈1762 ～ 1814〉ドイツ観念論哲学者。ナポレオン占領下のベルリン講演「ドイツ国民に告ぐ」が有名。
●フリードリヒ・シェリング〈1775 ～ 1854〉ドイツ観念論哲学者。神秘的直感を重視し、同一哲学を主張。主著『先験的観念論の体系』等。

いずれにしても、観念論哲学は、ハイデガーのところで、実際上は〝死んでいる〟部分があると思います。

ヘーゲル哲学を逆転させ、「唯物論《ゆいぶつろん》の哲学」をつくったマルクス

ヘーゲルの流れを汲むものとして、もう一つには「ヘーゲル左派」というものがあります。要するに「左翼《さよく》」であり、この流れにマルクスがいます。

マルクス自身は、ヘーゲルから直接に教わったわけではないのですが、ヘーゲルの流れを汲む青年哲学者たちのなかから出てきています。

マルクス主義も一種の体系化であるので、「哲学でもって国家を動かす」というところは同じなのですが、マルクスは、これをまったく

カール・マルクス
（1818 ～ 1883）
ドイツの経済学者・哲学者・革命家。ドイツ観念論哲学等を批判的に取り入れて科学的社会主義を創始。主著『資本論』『共産党宣言』等。

逆転させてしまって、「唯物論《ゆいぶつろん》に基《もと》づく哲学」をつくりました。『聖書《せいしょ》』には、「千年王国」という理想郷《きょう》が述べられています。「いろいろな争いはあるが、終末のあとにはキリストが再臨されて千年王国ができる。理想の国がつくられる」というような思想が、キリスト教には連綿と流れているわけですが、マルクスは、これを引っ繰《く》り返して千年王国の思想を換骨奪胎《かんこつだったい》したのです。

そして、「プロレタリアート（賃金労働者階級）である万国の労働者が団結すれば、労働者の連帯による理想の国家ができるのだ」というような考え方をつくっていくわけです。

これは、「アンチヘーゲル」の考えかと思います。

マルクス自身が、新聞の経営に失敗したり、貧乏《びんぼう》だったためにエンゲルスからいろいろと施《ほどこ》しを受けたり、自分の子供も養えないようなこともあったりしたのを見れば、「ルサンチマンの哲学である」「怨恨《えんこん》の哲学である」という感じがしますので、そのあたりの「人間性」のところは、よく見なければいけないでしょう。

人間として「完成された人生」を送ったヘーゲル

ヘーゲルについては、どうでしょうか。

哲学者には不幸な人が多いので、「若いうちに哲学をあまり勉強しすぎると〝危ない〟」と言われることがよくあります。

しかし、哲学者のなかでも、ヘーゲルは、この世的に見ても極《きわ》めて優《すぐ》れた人格者です。実務的にも才能があって成功しているので、非常に珍《めずら》しい方です。人格的に円満で実務的にも優れていた方で、有名なベルリン大学の総長をしていました。

そのように、人間としては、かなり完成された人生を送られた方であるので、その哲学も円満であったとは思います。

ただ、「神に至る弁証法《べんしょうほう》を説いた部分は、どうしてもついていけず、分からない」という人がいたことも事実でしょう。

そういう人は、ある程度、宗教的な部分があったとしても、現実の矛盾《むじゅん》だけに目を向けて、この世の問題の解決に入っているうちに、唯物論のほうに堕《だ》してしまうことがあるわけです。

12 「マルクス主義」と「全体主義」

「貧困《ひんこん》の哲学《てつがく》」をつくり上げたマルクス主義の問題点

この世の貧困《ひんこん》やさまざまな病気などを解決していくのは非常に大事なことなのですが、それを行っていくうちに、完全に唯物論《ゆいぶつろん》に陥《おちい》ってしまうこともあります。すなわち、神に対しては「呪《のろ》い」でもって接し、この世の貧困に対しては「金持ちへの嫉妬《しっと》」でもって接するような、「貧困の哲学《てつがく》」をつくり上げてしまうことがある。これがマルクス主義の問題点だと思います。

確かに、マルクス主義は、ソ連や中華《ちゅうか》人民共和国などの立国の精神になったかもしれません。しかし、その結果、実際に完成したものは、残念ながら、「貧しさの平等」しかありませんでした。

そして、「みな、平等」のはずだったのに、現実には、旧ソ連では「ノーメンクラトゥーラ」（共産党政府の特権的幹部）という一部の官僚《かんりょう》がエリートになったり、中国でも共産党員がエリートになったりして、「農民を中心とする貧乏《びんぼう》な人たちは平等だが、自分たちはいろいろな特権を持っている」というような社会ができていったわけです。

このように、マルクスが言うような、「万国の労働者が団結する」ということが実際にあったわけではなく、かなりバラバラで、国家主義的な戦争をたくさん起こしたり、人民に対する「粛清《しゅくせい》」を行ったりしました。

全体主義かどうかの判断は「粛清《しゅくせい》」が存在するかどうか

ハンナ・アーレントも言っていますが、その国が「全体主義かどうか」という判断は、そこに「粛清《しゅくせい》」などが存在するかどうかで行うことができます。

つまり、『収容所群島』のような収容所が存在するかどうか。

あるいは、「暴力」の存在です。「人権」というものが守られずに、暴力が公然と行使《こうし》されているかどうか。

それから、「粛清」。正式な理由も分からずに殺されていったり、「シベリアの収容所送りになる」というようなことが起きるかどうか。

こういうものが存在する国は、全体主義と判断してよいだろうと考えているわけです。

アーレントは、そういう意味で、「ナチズムとスターリニズムとは、まったく変わらない。同質のものだ」ということを看破しています。

いまだにアメリカの大学では、第二次世界大戦は敵・味方に分かれた、「民主主義 対 ファシズムの戦い」などと教えているようではありますが、スターリニ

●『収容所群島』　旧ソ連の強制収容所での拷問や処刑の実態を暴いた、アレクサンドル・ソルジェニーツィンによるルポルタージュ。

ズムの本質は、ナチズムと全然変わりません。ファシズムとも変わらないものなのです。

その証拠《しょうこ》に、「暴力」や「殺人」を肯定《こうてい》する思想や、「粛清」の横行があります。実際に旧ソ連では数千万人の粛清が行われました。また、都合《つごう》の悪い人たちは、みな、収容所に入れていったわけです。

今の中国でもそうです。日本の大学で教えている中国人であっても、「中国に対して不利なことを述べた」などと称《しょう》して、中国へ行ったときに捕《つか》まえて隔離《かくり》してしまうようなことを平気で行います。

韓国《かんこく》も同じです。「韓国に対して批判した」という、日本に帰化《きか》した元韓国人女性を空港で捕まえて、送り返してしまい、国内に入《い》れないわけです。あるいは、「捕まえて収容所のようなところに入れてしまう」というようなことを行っています。

そのように、「自分たちの国の方針に合わないものは粛清していく」という考えが残っているところは、全体主義的な色彩《しきさい》が極《きわ》めて強いので、たとえ国名に「民主主義共和国」などと入っていても、信じることはできません。

「イスラム法」の慣習を打ち破らないと西洋化ができない

では、「法律」というものが存在する意義があるとすれば、それは何でしょうか。「モーセの十戒《じっかい》」以来の、神から降りた十の教えぐらいで世の中を律していくには、すでに足りなくなっていますし、仏教の戒律だけでも、この世を律していくことはできないでしょう。

また、「イスラム法」によるさまざまな戒律もありますが、これも、この世との〝波動〟が合わないというか、レベルが合わなくなってきていて、今、イスラム教の人たちも非常に苦しい状況《じょうきょう》にあると思います。「西洋化したい」と思ってもできない手枷足枷《てかせあしかせ》がたくさんあるので、イスラム教にも改革者が出なければいけない時期が来ているわけです。

時代的に言えば、おそらく、イスラム教に今、明治維新《いしん》のようなものが来ようとしているのでしょう。マクロの目で見れば、百五十年ぐらい遅《おく》れているので、イスラム法に縛《しば》られた慣習を、一度、打ち破らなければいけないと思います。

そして、新しい法律や議会、民主主義制度によるシステムのつくり方、自由主義経済を導入していかなければ、西洋化は無理だろうと思っていますす。そのため、これから大きな波乱が起きてくるはずです。

十戒が刻まれた石板を掲げるモーセ

「知る権利」に極端《きょくたん》な制約がある国家は全体主義になりやすい

また、中国や北朝鮮《きたちょうせん》、あるいはその周辺でも、都合の悪いことは報道されないのをいいことに、まだまだ弾圧《だんあつ》的な政治が強権《きょうけん》的に行われています。私は、それらの国が全体主義的な特徴《とくちょう》を明確に持っていると見ています。

先日（二〇一三年十月二十八日）、中国ウイグル自治区の人たちが、天安門《てんあんもん》広場に自動車で突《つ》っ込《こ》んだ事件について、中国政府は「テロ事件」と称し、「テロに対して、断固として粉砕《ふんさい》する」という態度で片付けようとしています。

それに対して、アメリカのオバマ大統領は〝弱い〟ので、「テロとは断定できない」というあたりのところで声明を発表しています。

また、日本のNHK海外放送が、その事件を放映していましたが、中国の北京《ペキン》市内ではブラックアウトして流れませんでした。これまでにもそういう話をしたことがありますが、そのようになるわけです。

要するに、具合の悪いことは流れないのです。そのため、ウイグル自治区で取材をしても、ウイグルの人たちは、そういう事件があったことさえ知らされていません。つまり、「知らない」という状況なのです。

したがって、「知る権利」のところも、実は、民主主義にとっては大事な部分であるのです。強権的な弾圧や隔離、粛清があり、「知る権利」について極端《きょくたん》な制約がある国家というのは、全体主義的国家になりやすいところがあるので、そういうものに対して、あまり呑《の》み

2013年10月、中国・天安門広場に自動車が突っ込み、5人が死亡。当局は現場を封鎖して情報統制を行い、ウイグルの人々によるテロと発表した。

込まれないようにしていくよう、警戒心を持ったほうがよいと思います。

侵略《しんりゃく》国家を目の前にして「一国平和主義」だけでは済まない

日本においても、「特定秘密保護法」をつくろうとしているので（その後、二〇一三年十二月六日に成立）、「全体主義と同じようになるのではないか」と心配する向きもありますし、そういう可能性もないわけではないでしょう。

ただ、私が申し上げたいのは、次のようなことです。

「カルタゴは、最初、自分たちの軍隊を持っておらず、経済の自由だけを満喫《まんきつ》していた。『富めばよい』と思って、貿易で富むことを目指していた。『貿易は平和が前提である。平和であればこそ、貿易ができる。貿易で国を富ませることこそ繁栄《はんえい》であって、自分たちの生きる道だ』と考えていたカルタゴは、民主主義国家でもあったが軍事も備えていたローマによって、完膚無《かんぷな》きまでに滅《ほろ》ぼされた」

こうしたことはよく知っておいたほうがよいでしょう。

カルタゴは、外国の傭兵《ようへい》に頼《たよ》って守ろうとしました。日本でいえば、「日米安《あん》保《ぽ》によってアメリカが守ってくれるだろう」と考えていたような状態であったところ、結局は滅びているのです。

もし、軍国主義的で侵略《しんりゃく》主義的な国が、目の前にはっきりと姿を現してきているのであれば、考え方としては、「一国だけの平和主義」では済まない部分もあることを知っておいたほうがよいと思います。

例えば、スイスは、長らく「永世《えいせい》中立国」と言っているため、「非武装中立」をしているように思われていた向きもあるのですが、現実には強い軍隊を持っていて、軍隊によって守られています。

スイスは、過去の歴史のなかで、何度も侵略を受けています。地政《ちせい》学的には、ヨーロッパのなかでさまざまな国から侵略を受ける位置にあるわけです。そういう所にスイスはあるため、「軍隊を持って、永世中立を誓《ちか》っている国だ」ということは知っておいたほうがよいでしょう。

また、同じようなことは、ほかの国にも言えます。

例えば、フィリピンは、かつてアメリカの植民地であり、日米戦争があったあと、やがて独立しました。その後、米軍が駐屯《ちゅうとん》していたのですが、沖縄《おきなわ》のように住民の反対運動が起きて、アメリカの基地は撤去《てっきょ》されたのです。ところが、中国の軍事拡張政策がかなり明確になってきて、「戦争が近づいている」とフィリピンは判断したため、「基地をもう一回つくって、戻《もど》ってきてもらいたい」と言って、今、フィリピンに米軍を招き寄せているところです。

このように、「フィリピンが沖縄と正反対の動きをしている」ということも、よく知っておいたほうがよいと思います。

13 「平和構築」へのリアリズム

「法治《ほうち》主義」「民主主義」は必ずしも平和を保障するものではない

私の結論になるかとは思いますが、いわゆる「法治《ほうち》主義」や「民主主義」は必ずしも平和を保障するものではないかもしれないし、むしろ、その正反対になる場合もあります。「平和主義的だ」と思うものが、かなりひどい戦争を起こすこともあるのです。

アメリカでも、「『左寄り』」と言われ、人権を重視する民主党政権のときに戦争がよく起きる」ということがしばしば言われています。それは、民主党政権のときには弱腰《よわごし》で、宥和《ゆうわ》政策をとることが多いので、相手を増長させ、その結果、相手が軍事的に大きくなってきて侵略《しんりゃく》などを始めるため、戦争になってしまうことが多いからです。「意外に、民主党のときに戦争が多い」ということは、知っておいたほうがよいと思います。

例えば、日本を完膚《かんぷ》なきまでに攻撃《こうげき》したフランクリン・ルーズベルトも、ソ連と対峙《たいじ》して「核《かく》戦争も辞せず」と言ったＪ・Ｆ・ケネディも民主党でした。このように意外に、民主党のときに大きな戦争の危機が来ることは多いのです。

したがって、日本において、「非戦論」でも、「平和主義」でも、「憲法九条死守」でも、あるいは「原爆《げんばく》を持たない」でも結構ですが、そういったものによって、かえって大きな戦争を呼び込《こ》むこともあるので、このあたりについては、一種のリアリズムが必要でしょう。「法治主義」や「議会制民主主義」などとは別に、平和構築に関するリアリズムの研究が必要だと、私は思っています。

「アーリア民族がアトランティス種」というヒトラーの解釈《かいしゃく》

それから、「ヘーゲル以下のドイツ観念論哲学《てつがく》が国家主義的な哲学になって、それがナチスで結実したのではないか」という考えもあるわけですが、ナチスそのものは「黒魔術《くろまじゅつ》」の影響《えいきょう》をそうとう受けています。キリスト教というよりは、ドイツの森、シュヴァルツヴァルト（黒い森）の黒魔術の影響をだいぶ受けています。

また、「神智学《しんち》」「人智学《じんち》」もあります。神智学は、インドのほうに行った方（ブラヴァツキー夫人）がつくったものですが、人智学は、ルドルフ・シュタイナーというドイツ人がつくったものであり、神智学から分かれたものです。

こういうものが思想的に流れ込んでいて、そのなかに「ヨーロッパにはアトランティスから、渡《わた》ってきた者がいる」というリーディングが出てきます。それが、ヒトラーの独自の解釈《かいしゃく》により、「アーリア民族が、アトランティスから渡ってきた人たちなのだ」という考えになりました。アーリア民族というのは、ロシアにあるウラル山脈辺りを中心に住んでいた白人ですが、ヒトラーは、「アーリア民族こそが、アトランティス種なのだ」という考え方を取り上げています。

これに関しては、シュタイナーは賛成していませんし、「そういう意味ではない」という考え方を持っていたようなのですが、都合《つごう》のよいところだけを取られたわけです。

ヒトラーは、そこから●優生学的《ゆうせいがく》な考え方を取って、「自分たちは優《すぐ》れている民族なのだ。アーリア民族は、もともとアトランティスから来たものなのだ。他の有色人種たちは劣等《れっとう》民族なのだ。だから、弾圧《だんあつ》しても構わないのだ」というようなことを言うわけです。

これについては、やはり、解釈的に間違《まちが》いがあると思います。私たちから見れ

●**優生学**　ダーウィンの進化論や唯物論に基づき、より優れた遺伝子を残すことで人類を進歩させる試み。ナチス政権による人種政策等につながった。

ば、アトランティス種というのは、エジプトのほうにも行っていますし、いろいろな所に散《ち》って文明をつくっています。同じく、ムーもいろいろなところへ文明が散っていますので、ヒトラーの考え方は中途半端《ちゅうとはんぱ》な解釈だと考えています。

エドガー・ケイシーのリーディングで起きた「真理の戦い」

同じころに、エドガー・ケイシーという霊能者《れいのうしゃ》がアメリカに出ています。彼は、一九四五年に亡《な》くなったと思いますが、一万数千件のリーディングを行っており、そのなかには、「過去世《かこぜ》リーディング」というものが、そうとうあります。そこに、「アトランティス人がアメリカに生まれ変わった」というリーディングが大量に出てくるのです。

ケイシー自身は、意識が目覚めていたときには敬虔《けいけん》なクリスチャンであり、日曜学校の教師もしていたような人でした。つまり、転生輪廻《てんしょうりんね》を信じていないクリ

●エドガー・ケイシー〈1877 ～ 1945〉アメリカの予言者、心霊治療家。病気治療や人生相談等についてリーディング（霊査）を行った。記録は１万４千件以上あり、「眠れる予言者」「20 世紀最大の奇跡の人」と称されている。

スチャンであったのですが、「眠《ねむ》れる予言者」として催眠《さいみん》状態でリーディングをし始めると、指導やガイダンスをする霊が、転生輪廻について繰《く》り返し言ってきて、「アトランティス人がたくさんアメリカに生まれ変わっている」ということを語っています。

この時期は、ちょうど先の大戦前から戦中にかけてのころのことです。ヒトラーが、「アーリア人はアトランティス種であり、ドイツ人の元《もと》であり、優秀《ゆうしゅう》なのだ」と言っているときに、ドイツと戦っていたアメリカのほうではエドガー・ケイシーが出て、「アトランティス人は、アメリカ人として多数生まれ変わっている」というリーディングをたくさんしていたわけです。それを知ってほしいと思います。

要するに、「霊界《れいかい》のほうでも、同時期に、真理に関する戦いが起きていた」ということです。

アトランティス種がアメリカ人として生まれ変わっているのであれば、「ドイツ人はアトランティス種だから優秀であり、ほかの者を滅《ほろ》ぼしてもよい」という考えは必ずしも通らないことになります。そういうリーディングもたくさん出ています。「あなたは、前世《ぜんせ》でアトランティスに生まれた」という話がたくさん出てくるわけです。

そのように、真理の側でも、実際に戦いが起きていたことは知っておいてほしいと思います。

「仏教思想」を入れて国を進化させた聖徳太子《しょうとくたいし》

「哲学が神学《しんがく》の代わりになって、国家全体に影響を及《およ》ぼすことは悪いことだ」という考えもあるでしょうが、私の考えでは、それは「結果責任」の問題であり、あってよいものであると思います。国家によい影響を与《あた》えるものであれば、よい国家ができてくるのではないでしょうか。

例えば、最近、聖徳太子《しょうとくたいし》の実在を疑うような人が出てきていますが、聖徳太子があまりに優れているので、「そんな日本人がいたはずがない」と言う左翼《さよく》史観の方がいるのでしょう。

千四百年も前に、十七条憲法や冠位《かんい》十二階の制度をつくり、能力に応じた登用や中国と対等の外交ができた日本人がいたことに対し、「こんな優れた日本人がいてたまるか」と思う左翼学者がいて、一生懸命《いっしょうけんめい》に実在を否定しようと思ってい

聖徳太子（574 ～ 622）
政治家。推古天皇の摂政を務め、冠位十二階や憲法十七条を制定。中央集権国家体制の基盤を築く。また、仏教興隆に努め、『三経義疏』を著す。

大川隆法起案による全16条の新憲法試案を示した『新・日本国憲法 試案』（幸福の科学出版）

るわけです。

ところが、聖徳太子については、家系図に出ていますし、妻の名前や子供の名前もすべて出ており、一族が殺された話まで出ているわけです。あそこまで証拠《しょうこ》があっても否定するというのは、何か意図《いと》があってのこととしか思えません。おそらく、古代の天皇を否定したい人たちと同じような考え方を持っている方ではないでしょうか。

やはり、聖徳太子が仏教思想を日本に入れることによって、一つの高度な文明が国家に影響し、国として進化した部分があると思うのです。日本の歴史のなかで、仏教が入らず、古代の神道《しんとう》のままだったとしたら、やはり知識的なるもの、学問的なるものは薄《うす》かったと考えられます。

隋《ずい》・唐《とう》の時代の中国は立派かもしれませんが、日本もまた、奈良《なら》・平安期あたりには世界最高の繁栄《はんえい》を誇《ほこ》っていた可能性があります。

過去、何度も世界的なピークを迎《むか》えている日本

また、軍事的な面から見ることはどうかとは思いますが、「東軍・西軍に分かれた『関ヶ原の戦い』は、当時の、世界最大の戦いであった」とも言われています。

「十万以上の軍勢が東西に分かれて、鉄砲《てっぽう》や大砲まで使って戦う」ということは、ヨーロッパでもありえないぐらいの大規模な戦いだったため、その時代の日本の軍事的な科学技術は世界最高水準まで行っていたという考えもあります。

過去、日本は何度も世界的なピークを迎《むか》えていると思われます。

例えば、江戸《えど》時代においても、江戸の「百万都市」というようなものは、世界になかったものです。下水道を完備していた

百万都市は、世界に先んずるものであったと思います。

そういう意味で、日本が誇るべき文化はたくさんありますので、何か一つを取って、全部を否定するようなものの考え方には気をつけなければいけないと考えています。

私は、神学あるいは宗教的な考え方が、一つの国に大きな影響を与えることはありえると思います。それが、国民を幸福にしたり、世界との関係をよくしたりする状況《じょうきょう》で働いているうちは、十分機能するのではないかと思っています。

しかし、それが時代遅《おく》れになって国民の手《て》枷《かせ》足《あし》枷《かせ》になったり、他国と比べて非常に後進国になったりするようであれば、何らかのかたちでの「宗教革新」と「文明のイノベーション」が必要になる時期が来るのではないかと思うのです。

19 世紀、江戸時代末期に愛宕山（港区）から撮影された江戸の町並。

そのような、イノベーションを含《ふく》んだ上での思想を入れておかなければいけないのではないかと考えています。

14 「全体主義」を防ぐアーレント、ドラッカーの思想

「殺すなかれ」と「イスラエルの過激さ」の矛盾《むじゅん》

「法哲学入門《ほうてつがくにゅうもん》」というテーマで述べてきましたが、「国民から選ばれた選良《せんりょう》が国会等で各種の法律を制定し、法律を守っているかぎりは自由である」という考えのもとに生活していることは、非常に近代的でよろしいとは思います。

一方、「モーセの十戒《じっかい》」のようなもので、何千年もそのまま縛《しば》られるというのも大変なことでしょう。

「モーセの十戒」のなかには、「汝《なんじ》、殺すなかれ」と書いてありますが、イスラエルは過激であり、すぐ〝殺し〟に行きます。例えば、アメリカが攻撃《こうげき》できなか

ったシリアに対して、「ミサイルを運んでいる」ということで、空爆《くうばく》をしたのはイスラエル空軍です。

モーセの「殺すなかれ」の教えは、いったい、どうなっているのでしょうか。私にはよく分かりません。イスラエルの宗教は、確かユダヤ教のはずですが、不思議なことです。

おそらく、あれは、「ユダヤ人を殺すなかれ」と言っているのでしょう。いや、「ユダヤ人で信仰《しんこう》深き者を殺すなかれ」と言っているわけです。そのため、「ユダヤ人でも信仰深くない者は殺してもよいだろう」「ユダヤ人の敵は殺しても構わないのだ」と思っているのでしょう。あの〝解釈《かいしゃく》〟には、たぶん、「人類普遍《ふへん》のものではないもの」があるのではないでしょうか。

このように、イスラエルはアメリカよりも、よほど過激で行動的であると思いますし、「イスラエルにできて、アメリカにできない」というのは、少々情けない感じもします。

軍事的には、見方によっては、「イスラエルは、世界第二位の軍事大国である」という説もあります。最新鋭《さいしんえい》の兵器や核《かく》ミサイル等を持っているからです。小国であるのに、アラブ全部を敵に回してでも戦える体制をつくっているので、「世界第二位の軍事大国」という説もあるわけです。

イスラエル人は、「国が滅《ほろ》びることに対する恐怖《きょうふ》」というものが非常に強いため、そのようになることもあるのでしょう。

時代が変化するなか、人々の幸福を図《はか》る方向で教えを説く

「今後、日本がどういう道を歩むか」については、これからの努力にかかっていると思います。

神仏から声が降りてきて、それを人類の知的遺産や教えとして守ることが、平

和と繁栄《はんえい》、安定につながっているうちはよいと思います。ただ、時代が変化することによって、細々《こまごま》としたものが、いろいろ変わっていく時代においては、この世的に法律をつくったり、法令や条例、さまざまな行政行為《こうい》、あるいは、民間の自主的な活動等についてイノベーションをかけたりしながら、人々の幸福を図《はか》っていく方向で教えが説かれなければいけないでしょう。

したがって、私は宗教的な法だけでなく、「経営の法」や「経済の法」も説いています。

やはり、それぞれの人が、自主的に自分たちを守っていこうとする機能があったほうがよいと思います。

「古代ギリシャの民主政」を原型にしたハンナ・アーレント

ちなみに、哲学が国家的な哲学になって、国家を丸ごと支配するようになった場合に、それが全体主義に転化することのおそれはありますが、これにどう立ち向かうべきかを考えたのが、ハンナ・アーレントと、経営学者のドラッカーです。この二人はナチスの迫害《はくがい》から逃《のが》れてアメリカへ行った人たちです。

アーレントは、「参加する民主主義」を考えており、そこに参加する人たちには「考える人」であるところの一定のレベルが必要であることと、評議会的なものをつくって、「国家の一元管理」のようにならないよう、話し合いをしながら、いろいろなものを決めていくようなスタイルを理想として考えていました。

その原型とするのは、古代ギリシャの民主政です。やはり、ポリスという都市国家で人々が集まって話し合ったことを原型にしているのだと思います。

要するに、ある程度、まとまりのある集団でいろいろなものを話し合いながら決めていけば、間違《まちが》いが少ないだろうという感じでしょうか。国連でいえば、「さまざまな分科会で話し合って決めていく」というようなものに近いかもしれません。

「大企業《だいきぎょう》が全体主義への防波堤《ぼうはてい》になる」と考えたドラッカー

一方、ドラッカーは、「ナチスが第五党派だったときに、これが第一党になって国を支配することを予見した」という、非常に異質な天才学者です。

ドラッカーが、最初にナチスのことについて書いた本は、『「経済人」の終わり』（一九三九年発刊）です。そこにナチスの台頭について書き、イギリスのチャーチル首相からほめられたので有名になりました。

ドラッカーは、その危険性について、いち早く警鐘《けいしょう》を鳴らしていた方であり、賢《かしこ》くイギリスに逃《に》げて、その後、アメリカに逃げています。

彼は、そうした全体主義に対抗《たいこう》するものとして、株式会社制度を想定し、「大きな企業《きぎょう》をつくっていく」ということを考えています。

やはり、「個人」対「国家」ではとてもかないませんし、勝ち目がありませんので、企業をつくっていくことを考えたわけです。大きな企業をつくれば、一定の力になります。数千人から万の単位の雇用《こよう》を生んでいる企業が出れば、国家に対して意見を言うだけの力が十分にあります。

さらに、国際的企業になれば、多国籍《たこくせき》にわたって活動をしているので、その国の利害だけでは物事を決められなくなり、自分たちが活動しているいろいろな国の情報も集めた上で決めるので、〝外交官〟を兼《か》ねたような機能も持っています。

このように、「大きな企業を創業させ、

『ドラッカー霊言による「国家と経営」』(幸福の科学出版)

ピーター・F・ドラッカー
(1909〜2005)
経営学者、社会生態学者。世界の企業経営者に大きな影響を与え、「マネジメントの父」と称される。主著『現代の経営』『イノベーションと企業家精神』等。

企業家をつくっていくことは、国家が暴走するための歯止めになり、〝防波堤《ぼうはてい》〟になる」と考えたのがドラッカーでした。

そういう意味で、私は、「ドラッカー型の経営学」もみなさんに教えているわけです。

確かに、ドラッカーが述べたことと同様のものとして、「グーグル」が北京《ペキン》政府と対立したことや、「フェイスブック」が「アラブの春」と関係があったようなことがあります。今、企業が国を横断することによって、何らかの対抗勢力になるというケースが出てきています。

このように、ドラッカーの「先見性」というのは、かなり高いと言えるでしょう。

そうした大きな企業が、いろいろな種類あることによって、これが民主主義の別形態として、「会社型民主主義」となるわけです。さまざまな業種において、いろいろな経営方針を持った会社がありますが、それぞれの意見を合わせていけば、「最大多数の最大幸福」の世界ができるような意見を出してくるようになるでしょう。

そういう意味で、「『いろいろな会社が繁栄できるような世界をつくっていこう』と、国においても、国際社会においても努力していくことによって、世界が比較《ひかく》的安定し、平和《へいわ》裡《り》に繁栄していくこともありえるのではないか」というような考え方もあると思います。

「アラブの春」　Facebook 上で政府打倒が呼びかけられ、各地に広がったアフリカ北部を中心とする反政府活動（左からエジプト、チュニジア、シリアでの抗議の様子）。

15　未来を拓《ひら》く幸福の科学の「法哲学《ほうてつがく》」とは

「宗教の違《ちが》い」による争いをどう考えるか

それから、全体主義を防ぐ思想として、アーレント、ドラッカーに続く第三の教えは、幸福の科学が発信しているものです。

やはり、いろいろな「宗教の違《ちが》い」が民族の違いを生み、文化や風習の違いを生んでおり、それによって今、お互《たが》いに理解ができなくて、憎《にく》しみを生んだり、ぶつかりを生んだりしているところもあります。

これについて、「最大公約数的なものは何であるか」ということですが、少なくとも、「あの世があり、神仏に当たる存在があり、天使や高級神霊《しんれい》と言われる存在もある。人間は、死んでも魂《たましい》があって、あの世の実在世界で生きており、ときどき、この世に生まれてくる存在である」というところは、変えることができない真実です。

この真実は変えることができないものなので、これを、この世の制度において、無神論や唯物論《ゆいぶつろん》、あるいは、共産主義勢力が決めようとしても、「間違っているものは間違っている」とはっきり言っています。

こうしたものについては、一部、受け入れられないものもあるとは思います。ただ、霊的存在や神の存在を認めた上でつくった国家であっても、宗教の違いによって争いを生んでいるような場合は、「誤解のもとになっているものは何であるか」というところをよく見極《みきわ》め、思想として共通するものはまとめていこうと思っていますし、「あまりにマイナーな部分で対立している」といったことであれば、神仏の側からは、「無駄《むだ》である」「考える必要はない」というようなことを言ってもよいのではないかと思っています。

こだわるべきではないものには「寛容《かんよう》さ」を

例えば、トルコがEUに入るに当たっては、〝黒装束《くろしょうぞく》〟ではEUに入って活動をすることが難しいため、このへんは非常に簡素化してしまいました。それでも、スカーフなどをたくさんしていると、フランスなどでは〝差別〟を受けることもあるので、フランスで〝スカーフ禁止令〟が出たこともありました。

そのあたりの部分は、仏教で言う「小々戒《しょうしょうかい》」（些少《さしょう》な戒律）であり、そのときどきの小さな戒律だと思われます。ファッションが変わっていくように、世の中の人が着るものも変わっていきますから、あまりこだわる必要はないのではないでしょうか。

それから、「牛肉を食べない」とか、「豚《ぶた》肉を食べない」とか、「ウロコのあるものを食べて、ウロコのないものは食べてはいけない」とか、いろいろな食べ物の問題もありますが、砂漠《さばく》地帯の食習慣などには、冷蔵庫ができた現代において必ずしも通用しません。衛生状態など、いろいろなものがあって、昔につくられた食習慣もあるのでしょう。

そのような、環境《かんきょう》要因の変化によってできたもので、現代ではそれほどこだわるべきではないと思うものについては、やはり、対立の種《たね》にしないで、多少の寛《かん》容《よう》さを持ってもよいのではないかと思います。

宗教が繁栄《はんえい》することは「民主主義的な繁栄」にもつながる

できるだけいろいろな考え方を持つことは、民主主義的な基礎《きそ》にもなることです。

また、私は、基本的に、「宗教が繁栄《はんえい》することは、民主主義的な繁栄にもつながる」という考えを持っています。

私たちは、「いろいろな人たちが、その才能を伸《の》ばせる多元的な社会をつくりながらも、天上界《てんじょうかい》にいる根本的な神仏の存在を否定するのではなく、人類をよりよき方向に導いているものとして信じ、神仏が下ろされた方々が指導者として、いろいろな時代、いろいろな地域に生まれて、人々を指導していることを信じながら、根本的には人類の善なるを信じて、世の中を進歩させていきたい」と考えているのです。

この考えのもとに、憲法や民法、刑法《けいほう》、商法、行政法、その他、いろいろなものが考えられていくべきであり、悪法と思われるものについては、その都度《つど》、意見を述べていきたいと思います。

また、すでにつくられていて、今までは「よい」と思われていたものでも、事情が変更《へんこう》になり、どうしても耐《た》え切れなくなったものについては、正直に考え方を変えるべきではないかと考えています。

仏教の理想にも見える「憲法九条」が持つ現実的な問題点

例えば、憲法九条のような思想は、仏教的に見れば、確かに、一種の「仏教の理想」のようなところもあり、世界のすべての国が、「武装をしないで戦わない」ということを守ってくれれば、それに越《こ》したことはありません。ただ、今のところ、日本の憲法九条を採用してくれる国家は、ほかに一国もないわけです。「一国もない」ということは、「多数決において受け入れられない」ということです。どの国も、「これを受け入れたら、国が滅《ほろ》びる」と思っているのではないでしょうか。

日本が、「日本の憲法九条を欲《ほ》しかったらあげますよ。どうぞ、そのまま一字一句変えずに自分の国の憲法に入れてください。そうすれば平和な世の中ができます」と言ったら、ほかの国はどうするのでしょうか。これが普遍《ふへん》的な真理であれば、ほかの国も採用したらよいと思うのです。しかし、どの国もそれを採用しないで、日本にだけ「採用しなさい」と言っているわけです。

憲法九条は、日本が再びほかの国と戦うことがないようにするためには有効でありますが、「ほかの国が採用しない」というところや、一般《いっぱん》的な常識から見ると、非常に「滅ぼすに簡単で、守るに厳しい条件」が突《つ》きつけられていると思われるので、やはり、これには占領《せんりょう》軍の専横《せんおう》があったのではないでしょうか。

これについては、国民的な問題として考え直してみる必要があると思います。現実に「自衛隊」というものがあっても、憲法では軍隊がないことになっています。こういう異常な状態は、法治《ほうち》国家としては許しがたいことであるので、キチッと法整備をすべきだと思います。そして、「それは戦うべき戦争であるかどうか」を考えることが大事ではないでしょうか。

例えば、中国軍が尖閣《せんかく》諸島に攻《せ》めてきて行ったことについて、「日本としては許すべきではない」と判断し、一部、戦火を交えるようなことが起きるとしても、国民に選ばれた人たちが判断し、議会の承認を得て決めることには、従っていくべきではないかと考えています。

憲法九条が仏教的な理想を体現していたとしても、現実的な問題として紛争《ふんそう》が起きてくる場合には、やはり、考え方に「リアリズム」が必要だと思います。

現実に、タイやミャンマーなどは仏教の国ですが、イスラム教の進出はかなり激しくなっています。イスラム教のほうは、ライフルや機関銃《きかんじゅう》を持って攻めてくるため、仏教のほうは滅ぼされてしまいます。かつてのインドでも、イスラム教の侵入《しんにゅう》によって仏教が滅びていますので、彼らも滅びることを恐《おそ》れて、仏教徒でありながら、今、自主防衛をし始めています。

小乗《しょうじょう》仏教の国であるならば、これはおかしなことであり、仏陀《ぶっだ》の戒律に反していることです。しかし、小乗仏教の国でありながら、「イスラム教徒に国を取られないためには、防衛せざるをえない」というようなことが、現実に起きているわけです。

ですから、そろそろ、考え方を改めなければならない時期が来たのではないかと思います。

法制度の〝自動調整装置〟となる宗教的思想

以上、いろいろなことを述べましたが、「法哲学」を説くに当たっては、やはり、「根本的な思想」というものを忘れてはいけません。

現在、「開かれた世界」と「閉じられた世界」を〝逆転〟して考える思想が強くなってきています。確かに、唯物論の世界では、科学や医学などといったものは発達しているかもしれませんし、それはそれで便利なものではありますが、「真実を曇《くも》らせてはならない」という一点は譲《ゆず》れないものです。そうした大きなものに照らしながら法律は整備されていくべきです。

しかし、人間の仏性《ぶっしょう》を弾圧《だんあつ》し、隔離《かくり》し、消滅させていくような過激な行動になるものであれば、そうした法制度、あるいは専制的な政治は、地上から排除《はいじょ》されていくべきだと思いますし、そのような〝自動調整装置〟が働くことは大事であるでしょう。

そのためにこそ、宗教的思想はあるのだと思っています。このあたりが、現在の幸福の科学の立つべき位置であると考えています。

あとがき

簡潔《かんけつ》ではあるが、ここ三千年ほどの歴史の中の、神学、仏法、哲学、法学、政治学などの根底にあるものは何であるのかを述べえたと思う。

それは現代宗教の射程《しゃてい》をはるかに超えているが、「法哲学入門」として、新時代の若者たちに、新しき知的刺激《しげき》を与え続けるものとなるであろう。

言葉をかえて言うなら、未来を拓《ひら》くための法治国家《ほうちこっか》の哲学がここに再確認されたということだ。

未来の憲法も法律も、それに基づく政治も、あるいは国際法や国際政治も、ここに原点があるということである。

今、神仏の心が説ける者が地上に降りている以上、その願いを実現していくことこそ、未来の法学徒や政治学徒の使命でなくてはなるまい。

二〇一四年　四月三十日

幸福《こうふく》の科学《かがく》グループ創始者兼総裁《そうししゃけんそうさい》

幸福《こうふく》の科学大学創立者《かがくだいがくそうりつしゃ》　大川隆法《おおかわりゅうほう》

『法哲学入門』大川隆法著作関連書籍

『黄金の法』（幸福の科学出版刊）
『忍耐の法』（同右）
『政治哲学の原点』（同右）
『フランクリー・スピーキング』（同右）
『霊性と教育』（同右）
『宇宙人リーディング』（同右）
『現代の法難④』（同右）

法哲学入門《ほうてつがくにゅうもん》 ──法の根源にあるもの──

2014年5月19日　初版第1刷

著　者　大《おお》川《かわ》隆《りゅう》法《ほう》

発行所　幸福の科学出版株式会社

〒107-0052 東京都港区赤坂2丁目10番14号
TEL(03)5573-7700
http://www.irhpress.co.jp/

印刷・製本　株式会社 東京研文社

落丁・乱丁本はおとりかえいたします

ISBN978-4-86395-466-3 C0030

Photo: Keystone/時事通信フォト/dpa/時事通信フォト/AFP＝時事/
Eric Gaba/Shakko/DickClarkMises

大川隆法 ベストセラーズ・「幸福の科学大学」が目指すもの

新しき大学の理念

「幸福の科学大学」がめざす ニュー・フロンティア

2015年、開学予定の「幸福の科学大学」。日本の大学教育に新風を吹き込む「新時代の教育理念」とは? 創立者・大川隆法が、そのビジョンを語る。

1,400円

「経営成功学」とは何か

百戦百勝の新しい経営学

経営者を育てない日本の経営学!? アメリカをダメにしたMBA――!? 幸福の科学大学の「経営成功学」に託された経営哲学のニュー・フロンティアとは。

1,500円

「人間幸福学」とは何か

人類の幸福を探究する新学問

「人間の幸福」という観点から、あらゆる学問を再検証し、再構築する――。数千年の未来に向けて開かれていく学問の源流がここにある。

1,500円

「未来産業学」とは何か

未来文明の源流を創造する

新しい産業への挑戦――「ありえない」を、「ありうる」に変える! 未来文明の源流となる分野を研究し、人類の進化とユートピア建設を目指す。

1,500円

※表示価格は本体価格(税別)です。

大川隆法 ベストセラーズ・「幸福の科学大学」が目指すもの

経営の創造

新規事業を立ち上げるための要諦

才能の見極め方、新しい「事業の種」の探し方、圧倒的な差別化を図る方法など、深い人間学と実績に裏打ちされた「経営成功学」の具体論が語られる。

2,000 円

政治哲学の原点

「自由の創設」を目指して

政治は何のためにあるのか。真の「自由」、真の「平等」とは何か――。全体主義を防ぎ、国家を繁栄に導く「新たな政治哲学」が、ここに示される。

1,500 円

「現行日本国憲法」をどう考えるべきか

天皇制、第九条、そして議院内閣制

憲法の嘘を放置して、解釈によって逃れることは続けるべきではない―。現行憲法の矛盾や問題点を指摘し、憲法のあるべき姿を考える。

1,500 円

「未来創造学」入門

未来国家を構築する
新しい法学・政治学

政治とは、創造性・可能性の芸術である。どのような政治が行われたら、国民が幸福になるのか。政治・法律・税制のあり方を問い直す。

1,500 円

幸福の科学出版

大川隆法 霊言シリーズ・法学・政治学の権威が語る

危機の時代の国際政治

藤原帰一東大教授守護霊インタビュー

「左翼的言論」は、学会やメディア向けのポーズなのか？ 日本を代表する国際政治学者の、マスコミには語られることのない本音が明らかに！

1,400円

スピリチュアル政治学要論

佐藤誠三郎・元東大政治学教授の霊界指南

憲法九条改正に議論の余地はない。生前、中曽根内閣のブレーンをつとめた佐藤元東大教授が、危機的状況にある現代日本政治にメッセージ。

1,400円

「特定秘密保護法」をどう考えるべきか

藤木英雄・元東大法学部教授の緊急スピリチュアルメッセージ

戦争の抑止力として、絶対、この法律は必要だ! 世論を揺るがす「特定秘密保護法案」の是非を、刑法学の大家が天上界から〝特別講義〟。

1,400円

憲法改正への異次元発想

憲法学者 NOW・芦部信喜 元東大教授の霊言

憲法九条改正、天皇制、政教分離、そして靖国問題……。 参院選最大の争点「憲法改正」について、憲法学の権威が、天上界から現在の見解を語る。 【幸福実現党刊】

1,400円

※表示価格は本体価格（税別）です。

大川隆法 霊言シリーズ・自由を守るために

ハイエク「新・隷属への道」

「自由の哲学」を考える

消費増税、特定秘密保護法、中国の覇権主義についてハイエクに問う。20世紀を代表する自由主義思想の巨人が天上界から「特別講義」!

1,400円

ドラッカー霊言による「国家と経営」

日本再浮上への提言

「経営学の父」ドラッカーが、日本と世界の危機に対し、処方箋を示す。企業の使命から国家のマネジメントまで、縦横無尽に答える。

1,400円

日米安保クライシス

丸山眞男 vs. 岸信介

「60年安保」を闘った、左翼系政治学者・丸山眞男と元首相・岸信介による霊言対決。二人の死後の行方に審判がくだる。

1,200円

大川隆法霊言シリーズ・唯物論・無神論を打破する

公開霊言 ニーチェよ、神は本当に死んだのか？

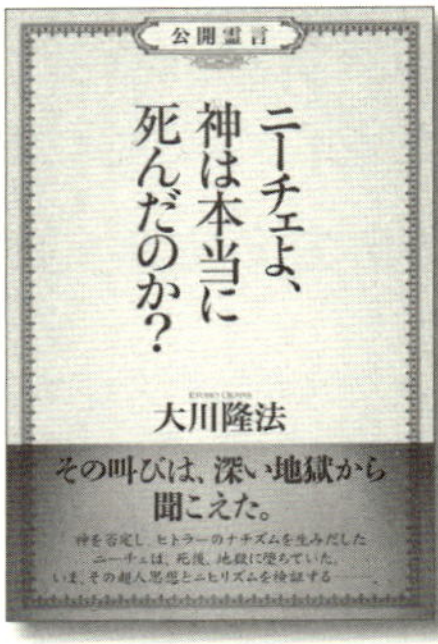

神を否定し、ヒトラーのナチズムを生み出したニーチェは、死後、地獄に堕ちていた。いま、ニーチェ哲学の超人思想とニヒリズムを徹底霊査する。

1,400円

霊性と教育

公開霊言 ルソー・カント・シュタイナー

なぜ、現代教育は宗教心を排除したのか。天才を生み出すために何が必要か。思想界の巨人たちが、教育界に贈るメッセージ。

1,200円

マルクス・毛沢東のスピリチュアル・メッセージ

衝撃の真実

共産主義の創唱者マルクスと中国の指導者・毛沢東。思想界の巨人としても世界に影響を与えた、彼らの死後の真価を問う。

1,500円

※表示価格は本体価格（税別）です。

大川隆法霊言シリーズ・最新刊

フビライ・ハーンの霊言

世界帝国・集団的自衛権・憲法９条を問う

日本の占領は、もう終わっている？
チンギス・ハーンの後を継ぎ、元朝を築いた初代皇帝フビライ・ハーンが語る「戦慄の世界征服計画」とは！

1,400円

「煩悩の闇」か、それとも「長寿社会の理想」か 瀬戸内寂聴を霊査する

九十代でなお「愛欲小説」を描き続け、「脱原発運動」にも熱心な瀬戸内寂聴氏――。その恋愛観、人生観、国家観を守護霊が明かす。

1,400円

プーチン大統領の新・守護霊メッセージ

独裁者か？ 新時代のリーダーか？ ウクライナ問題の真相、アメリカの矛盾と限界、日ロ関係の未来など、プーチン大統領の驚くべき本心が語られる。

1,400円

幸福の科学大学の魅力

1 夢にチャレンジする大学

今世《こんぜ》の「使命」と「志《こころざし》」の発見をサポートし、学生自身の個性や強みに基づいた人生計画の設計と実現への道筋を明確に描きます。

2 真の教養を身につける大学

仏法真理を徹底的に学びつつ心の修行を重ね、魂の器《うつわ》を広げます。仏法真理を土台に、正しい価値判断ができる真の教養人を目指します。

3 実戦力を鍛える大学

実戦《じっせん》レベルまで専門知識を高め、第一線で活躍するリーダーと交流を持つことによって、現場感覚や実戦力を鍛《きた》え、成果を伴《ともな》う学問を究《きわ》めます。

4 世界をひとつにする大学

自分の意見や考えを英語で伝える発信力を身につけ、宗教や文化の違いを越えて、人々を魂レベルで感化《かんか》できるグローバル・リーダーを育てます。

5 未来を創造する大学

未来社会や未来産業の姿を描き、そこから実現に必要な新発見・新発明を導き出します。過去の思想や学問を総決算し、新文明の創造を目指します。

校舎棟の正面

学生寮

大学完成イメージ

Noblesse《ノーブレス》 Oblige《オブリージ》

「高貴なる義務」を果たす、
「真のエリート」を目指せ。

幸福の科学学園
中学校・高等学校（那須本校）

Happy Science Academy Junior and Senior High School

「私は、
教育が人間を創ると
信じている一人である。
若い人たちに、
夢とロマンと、精進、
勇気の大切さを伝えたい。
この国を、全世界を、
ユートピアに変えていく力を
出してもらいたいのだ。」

（幸福の科学学園 創立記念碑より）

幸福の科学学園 創立者
大川隆法

幸福の科学学園（那須本校）は、幸福の科学の教育理念のもとにつくられた、男女共学、全寮制の中学校・高等学校です。自由闊達な校風のもと、「高度な知性」と「徳育」を融合させ、社会に貢献するリーダーの養成を目指しており、2014年4月には開校四周年を迎えました。

幸福の科学グループの教育事業

Noblesse《ノーブレス》 Oblige《オブリージ》

「高貴なる義務」を果たす、
「真のエリート」を目指せ。

2013年 春 開校

幸福の科学学園
関西中学校・高等学校

Happy Science Academy
Kansai Junior and Senior High School

私は日本に
真のエリート校を創り、
世界の模範としたい
という気概に満ちている。
『幸福の科学学園』は、
私の『希望』であり、
『宝』でもある。
世界を変えていく、
多才かつ多彩な人材が、
今後、数限りなく
輩出されていくことだろう。

（幸福の科学学園関西校 創立記念碑より）

幸福の科学学園 創立者
大川隆法

滋賀県大津市、美しい琵琶湖の西岸に建つ幸福の科学学園（関西校）は、男女共学、通学も入寮も可能な中学校・高等学校です。発展・繁栄を校風とし、宗教教育や企業家教育を通して、学力と企業家精神、徳力を備えた、未来の世界に責任を持つ「世界のリーダー」を輩出することを目指しています。

幸福の科学学園・教育の特色

「徳ある英才」
の創造

教科「宗教」で真理を学び、行事や部活動、寮を含めた学校生活全体で実修して、ノーブレス・オブリージ(高貴なる義務)を果たす「徳ある英才」を育てていきます。

体育祭

天分を伸ばす
「創造性教育」

教科「探究創造」で、偉人学習に力を入れると共に、日本文化や国際コミュニケーションなどの教養教育を施すことで、各自が自分の使命・理想像を発見できるよう導きます。さらに高大連携教育で、知識のみならず、知識の応用能力も磨き、企業家精神も養成します。芸術面にも力を入れます。

探究創造科発表会

一人ひとりの進度に合わせた
「きめ細やかな進学指導」

熱意溢れる上質の授業をベースに、一人ひとりの強みと弱みを分析して対策を立てます。強みを伸ばす「特別講習」や、弱点を分かるところまでさかのぼって克服する「補講」や「個別指導」で、第一志望に合格する進学指導を実現します。

授業の様子

自立心と友情を育てる
「寮制」

寮は、真なる自立を促し、信じ合える仲間をつくる場です。親元を離れ、団体生活を送ることで、縦・横の関係を学び、力強い自立心と友情、社会性を養います。

毎朝夕のお祈りの時間

幸福の科学学園の進学指導

1 英数先行型授業

受験に大切な英語と数学を特に重視。「わかる」(解法理解)まで教え、「できる」(解法応用)、「点がとれる」(スピード訓練)まで繰り返し演習しながら、高校三年間の内容を高校二年までにマスター。高校二年からの文理別科目も余裕で仕上げられる効率的学習設計です。

2 習熟度別授業

英語・数学は、中学一年から習熟度別クラス編成による授業を実施。生徒のレベルに応じてきめ細やかに指導します。各教科ごとに作成された学習計画と、合格までのロードマップに基づいて、大学受験に向けた学力強化を図ります。

3 基礎力強化の補講と個別指導

基礎レベルの強化が必要な生徒には、放課後や夕食後の時間に、英数中心の補講を実施。特に数学においては、授業の中で行われる確認テストで合格に満たない場合は、できるまで徹底した補講を行います。さらに、カフェテリアなどでの質疑対応の形で個別指導も行います。

4 特別講習

夏期・冬期の休業中には、中学一年から高校二年まで、特別講習を実施。中学生は国・数・英の三教科を中心に、高校一年からは五教科でそれぞれ実力別に分けた講座を開講し、実力養成を図ります。高校二年からは、春期講習会も実施し、大学受験に向けて、より強化します。

5 幸福の科学大学(仮称・設置認可申請中)への進学

二〇一五年四月開学予定の幸福の科学大学への進学を目指す生徒を対象に、推薦制度を設ける予定です。留学用英語や専門基礎の先取りなど、社会で役立つ学問の基礎を指導します。

授業の様子

詳しい内容、パンフレット、募集要項のお申し込みは下記まで。

幸福の科学学園 関西中学校・高等学校

〒520-0248
滋賀県大津市仰木の里東2-16-1
TEL.077-573-7774
FAX.077-573-7775
[公式サイト]
www.kansai.happy-science.ac.jp
[お問い合わせ]
info-kansai@happy-science.ac.jp

幸福の科学学園 中学校・高等学校

〒329-3434
栃木県那須郡那須町梁瀬 487-1
TEL.0287-75-7777
FAX.0287-75-7779
[公式サイト]
www.happy-science.ac.jp
[お問い合わせ]
info-js@happy-science.ac.jp

仏法真理塾

サクセスNo.1

未来の菩薩を育て、仏国土ユートピアを目指す！

仏法真理塾「サクセスNo.1」とは

宗教法人幸福の科学による信仰教育の機関です。信仰教育・徳育にウエイトを置きつつ、将来、社会人として活躍するための学力養成にも力を注いでいます。

サクセスNo.1 東京本校（戸越精舎内）

「サクセスNo.1」のねらいには、「仏法真理と子どもの教育面での成長とを一体化させる」ということが根本にあるのです。

大川隆法総裁　御法話「『サクセスNo.1』の精神」より

仏法真理塾「サクセスNo.1」の教育について

信仰教育が育む健全な心

御法話拝聴や祈願、経典の学習会などを通して、仏の子としての「正しい心」を学びます。

学業修行で学力を伸ばす

忍耐力や集中力、克己心を磨き、努力によって道を拓く喜びを体得します。

法友との交流で友情を築く

塾生同士の交流も活発です。お互いに信仰の価値観を共有するなかで、深い友情が育まれます。

●サクセスNo.1は全国に、本校・拠点・支部校を展開しています。

東京本校
TEL.03-5750-0747　FAX.03-5750-0737

名古屋本校
TEL.052-930-6389　FAX.052-930-6390

大阪本校
TEL.06-6271-7787　FAX.06-6271-7831

京滋本校
TEL.075-694-1777　FAX.075-661-8864

神戸本校
TEL.078-381-6227　FAX.078-381-6228

西東京本校
TEL.042-643-0722　FAX.042-643-0723

札幌本校
TEL.011-768-7734　FAX.011-768-7738

福岡本校
TEL.092-732-7200　FAX.092-732-7110

宇都宮本校
TEL.028-611-4780　FAX.028-611-4781

高松本校
TEL.087-811-2775　FAX.087-821-9177

沖縄本校
TEL.098-917-0472　FAX.098-917-0473

広島拠点
TEL.090-4913-7771　FAX.082-533-7733

岡山拠点
TEL.086-207-2070　FAX.086-207-2033

北陸拠点
TEL.080-3460-3754　FAX.076-464-1341

大宮拠点
TEL.048-778-9047　FAX.048-778-9047

全国支部校のお問い合わせは、
サクセスNo.1 東京本校（TEL. 03-5750-0747）まで。
メール info@success.irh.jp

エンゼルプランV

信仰教育をベースに、知育や創造活動も行っています。

信仰に基づいて、幼児の心を豊かに育む情操教育を行っています。また、知育や創造活動を通して、ひとりひとりの子どもの個性を大切に伸ばします。お母さんたちの心の交流の場ともなっています。

TEL 03-5750-0757　FAX 03-5750-0767
メール angel-plan-v@kofuku-no-kagaku.or.jp

ネバー・マインド

不登校の子どもたちを支援するスクール。

「ネバー・マインド」とは、幸福の科学グループの不登校児支援スクールです。「信仰教育」と「学業支援」「体力増強」を柱に、合宿をはじめとするさまざまなプログラムで、再登校へのチャレンジと、進路先の受験対策指導、生活リズムの改善、心の通う仲間づくりを応援します。

TEL 03-5750-1741　FAX 03-5750-0734
メール nevermind@happy-science.org

ユー・アー・エンゼル!（あなたは天使!）運動

障害児の不安や悩みに取り組み、ご両親を励まし、勇気づける、障害児支援のボランティア運動です。学生や経験豊富なボランティアを中心に、全国各地で、障害児向けの信仰教育を行っています。保護者向けには、交流会や、医療者・特別支援教育者による勉強会、メール相談を行っています。

TEL 03-5750-1741　FAX 03-5750-0734
メール you-are-angel@happy-science.org

シニア・プラン21

生涯反省で人生を再生・新生し、希望に満ちた生涯現役人生を生きる仏法真理道場です。週1回、開催される研修には、年齢を問わず、多くの方が参加しています。現在、全国8カ所（東京、名古屋、大阪、福岡、新潟、仙台、札幌、千葉）で開校中です。

東京校 TEL 03-6384-0778　FAX 03-6384-0779
メール senior-plan@kofuku-no-kagaku.or.jp

入会のご案内

あなたも、幸福の科学に集い、ほんとうの幸福を見つけてみませんか？

幸福の科学では、大川隆法総裁が説く仏法真理をもとに、
「どうすれば幸福になれるのか、また、
他の人を幸福にできるのか」を学び、実践しています。

入会

大川隆法総裁の教えを信じ、学ぼうとする方なら、どなたでも入会できます。入会された方には、『入会版「正心法語」』が授与されます。（入会の奉納は1,000円目安です）

ネットでも**入会**できます。詳しくは、下記URLへ。
happy-science.jp/joinus

三帰《さんき》誓願《せいがん》

仏弟子としてさらに信仰を深めたい方は、仏・法・僧の三宝への帰依を誓う「三帰誓願式」を受けることができます。三帰誓願者には、『仏説・正心法語』『祈願文①』『祈願文②』『エル・カンターレへの祈り』が授与されます。

植福《しょくふく》の会

植福は、ユートピア建設のために、自分の富を差し出す尊い布施の行為です。布施の機会として、毎月1口1,000円からお申込みいただける、「植福の会」がございます。

「植福の会」に参加された方のうちご希望の方には、幸福の科学の小冊子（毎月1回）をお送りいたします。詳しくは、下記の電話番号までお問い合わせください。

月刊「幸福の科学」

ザ・伝道

ヤング・ブッダ

ヘルメス・エンゼルズ

INFORMATION

幸福の科学サービスセンター
TEL. 03-5793-1727（受付時間 火〜金：10〜20時／土・日：10〜18時）
宗教法人 幸福の科学 公式サイト **happy-science.jp**